GOLDMANN
SACHBUCH

Buch

Seit Jahrzehnten untersucht die Grenzwissenschaft Hinweise auf frühere Leben. Immer deutlicher zeichnen sich die Beweise ab, daß unsere Existenz mit dem physischen Tod nicht beendet wird. Zumeist verbinden sich Aussagen zu diesem Bereich aber mit esoterischen oder religiösen Lehren. Thienel verzichtet bewußt auf solche Deutungen und berichtet ohne Vorurteil und Wertung über seine Erfahrungen mit der Wiedergeburt. Seit über zehn Jahren hat er als Hypnosetherapeut Menschen ihre früheren Existenzen in das Bewußtsein zurückgerufen. Wie man mit solchen Erfahrungen heilen und den Alltag besser bewältigen kann, zeigt er ebenso wie die Risiken dieser Form der Bewußtseinsforschung.

Autor

Peter Thienel begann nach einer außersinnlichen Erfahrung mit intensiver Arbeit zur Erlernung von Hypnosetechniken. In den letzten Jahren hat er mit über 800 Klienten Rückführungen abgehalten. Seine Arbeit lieferte ihm überzeugende Beweise für die Wiedergeburt. Sein Institut widmet sich darüber hinaus der Verbreitung von Kenntnissen in Hypnose und Selbsthypnose, um Menschen die Fähigkeit zu vermitteln, sich und ihre Umwelt positiv zu verändern. Der Autor ist unter der folgenden Adresse zu erreichen:

Institut für Hypnoseforschung
Peter Thienel
Vordere Sterngasse 23
8500 Nürnberg

PETER THIENEL

SEELEN WANDERUNG

Das Geheimnis der Wiedergeburt in unserem Leben – Forschungen und Erfahrungen

GOLDMANN VERLAG

Originalausgabe

Der Goldmann Verlag
ist ein Unternehmen der Verlagsgruppe
Bertelsmann

Made in Germany · 1/88 · 1. Auflage

Umschlaggestaltung: Design Team München
Redaktion: Thomas Tilsner
Satz: Fotosatz Glücker, Würzburg
Druck: Elsnerdruck, Berlin
Verlagsnummer: 11433
Lektorat: Michael Görden
Herstellung: Ludwig Weidenbeck
ISBN 3-442-11433-0

Inhalt

1

Vorwort

Wie Sie am Titel sehen können, habe ich dieses Buch den Geheimnissen der Seelenwanderung gewidmet. Dieses Thema ist nicht neu und auch keine Erfindung unserer Zeit. Immer schon haben die Menschen erahnt, daß es nach dem Tod etwas geben muß, das uns zu Lebzeiten jedoch verborgen bleibt.

Schon seit langem wird in verschiedenen Religionen von einer Wiedergeburt eines jeden Menschen gesprochen, obwohl bis heute keine Beweise erbracht worden sind. Seit man jedoch begonnen hat, diesen verborgenen Bereich des Menschen zu erforschen, häufen sich auch die Hinweise auf ein Weiterleben nach dem Tod. Dabei sind verschiedene Wege beschritten worden. Stevenson hat z.B. Aussagen von Menschen untersucht, die behaupteten, in einem früheren Leben an einem bestimmten Ort gewesen zu sein oder dort gelebt zu haben. Gerade seine Forschungen haben Schwung in die Auseinandersetzung über die Wiedergeburt gebracht.

Thorwald Dethlefsen, der den meisten von Ihnen sicherlich bekannt ist, hat schon vor Jahren auf diesem Feld geforscht. Einige Jahre sind inzwischen vergangen und manche Aussagen überholt und widerlegt. Man könnte noch viele Namen nennen, aber ich möchte es dabei bewenden lassen. Vielleicht liegt das auch an meiner persönlichen Einstellung: Nur was ich selbst erlebt habe, kann ich glauben. Vielen von ihnen geht es sicher ebenso.

Diese Einstellung kann gerade bei der Vielzahl spektakulärer Vorstellungen, die es über das Jenseits gibt, ganz hilfreich bei der Wahrheitsfindung sein. Begonnen habe ich meine Forschungen vor acht Jahren. Damals hatte ich eigentlich vor, die Vorstellung über ein Weiterleben nach dem Tod zu widerlegen. Für mich existierten nur die Dinge, die ich auch anfassen konnte. Nach dem Tod – so dachte ich – ist das große Nichts.

Ich versuchte also, die vielen sich widersprechenden Wiedergeburtstheorien zu widerlegen. Um in dieser Richtung Material und Beweise zu sammeln, setzte ich das Mittel der Hypnose ein.

Sie werden fragen: Wie kommt man zur Hypnose? Nun, das ist schnell erzählt: Ich hatte mit zwölf Jahren ein Buch über Hypnose in die Hände bekommen und probierte nun an mir selbst alles Mögliche aus. Einige Zeit danach verlor ich die Hypnose wieder aus den Augen. Jahre später, nach einem psychischen Zusammenbruch, der mit Erblinden und anderen Symptomen einherging, griff ich diese wunderbare Möglichkeit wieder auf. Tatsächlich hatte ich Erfolg und heute bin ich froh, der Tablettenhölle entgangen zu sein.

Dann setzte ich meine hypnotischen Fähigkeiten ein, um einige Personen in Hypnose in ein angebliches früheres Leben zurückzuführen – doch alle Tricks und Versuche, die Wiedergeburtstheorie ad absurdum zu führen, nutzten nichts. Nach zwei Jahren mußte ich einsehen, daß ich mich getäuscht hatte. Die Berichte, die ich erhielt, waren erstaunlich, und mir wurde klar, daß es tatsächlich eine Wiedergeburt eines jeden Menschen einige Zeit nach seinem Tod gibt. Ich begann nun in mühsamer Kleinarbeit diese Fälle anhand von Fakten nachzuprüfen. Es war oft schwer, bei Stadtverwaltungen statt einem Kopfschütteln brauchbare Unterlagen zu bekommen. Viele Briefe wurden geschrieben und manches Archiv wurde durchstöbert. Es zeigte sich, daß viele Schilderungen aus einem früheren Leben Wirklichkeit gewesen waren. Teilweise konnte man die Orte wiederfinden, und auch Häuser, teilweise in der Erde begraben, wurden zum Beweis für die Richtigkeit der Berichte aus einem früheren Leben.

Man hat mir schon mehrfach vorgeworfen, zu mir würden nur »Gläubige« kommen. Das ist falsch. Die überwiegende

Zahl der Menschen ist skeptisch, sie wollen ihre Zweifel bestätigt haben. Natürlich sind die Gesichter nach einer solchen Untersuchung um so erstaunter. Besonders überrascht sind die Menschen darüber, wie plastisch ihre früheren Leben vor ihrem geistigen Auge ablaufen. Es ist wie ein Traum, der so echt ist, daß wir nach dem Erwachen erst einmal überlegen müssen, was nun die Wirklichkeit ist.

Ich habe auch Menschen in frühere Leben geführt, die es darauf angelegt hatten, mich zu hintergehen. Ein Reporter wollte mich unmöglich machen, wenn die Rückführung nicht klappen würde. Er erzählte schließlich aus seinem früheren Leben in Amerika! Ich habe Ihnen diese Rückführung im Buch kurz beschrieben.

Hatte ich einfach Glück, oder ist das, was ich in den letzten Jahren erforscht habe, die Wirklichkeit? Sind meine Ergebnisse möglicherweise ein Beweis, daß man schon gelebt hat? Wenn man zehn Menschen untersucht und alle berichten etwas aus der Vergangenheit, dann kann das sicher kein Beweis sein. Doch wie sieht es aus, wenn in etwa 2000 Fällen über 96% der Untersuchten eine klare Schilderung über Erlebnisse in einem oder gar mehreren Leben geben?

Nur wer schon dabei war, wenn eine Frau in Hypnose zeigt, wie sie in der Steinzeit ein Kind im Hocken bekommt, oder wenn eine junge Frau Geheimfächer in einem Sekretär zeigen kann, die nicht einmal der Dame, die in einem Schloß Führungen macht, bekannt waren, kann mitfühlen, was hinter diesen Berichten steckt. Wer gesehen hat, wie eine Versuchsperson immer wieder an der gleichen Stelle auf einem Friedhof zusammenbricht und von Stimmen aus dem Grab berichtet, der kann ermessen, welche Kraft nach dem Tod wirksam sein muß. Natürlich war ich skeptisch: Ich hatte dieser jungen Frau auf dem Friedhof die Augen verbunden und sie mit dem Wagen herumgefahren. Ich führte sie in einen Park. Nichts geschah. Als wir wieder über den Friedhof gingen, brach sie genau an der gleichen Stelle immer wieder zusammen. Viele der Namen, die vorher in der Hypnose genannt wurden, fanden sich später auf den Grabsteinen.

Da findet ein junger Mann sein eigenes Grab in Spanien wieder. Diese und viele andere Begebenheiten haben meine Einstellung erschüttert, man würde einfach nur sterben. Aus meiner anfänglichen Skepsis erwuchs eine neue und wichtige Erkenntnis.

Vielfach glaubte man bisher, daß nach dem Tod der Geist ins Jenseits übersiedelt. Einige Esoteriker meinen sogar, daß dort Schulen und Kneipen zu finden sind, in denen wir unsere Angehörigen wiedertreffen. Ich muß zugeben, daß ich mich für diese Erzählungen noch nie so richtig erwärmen konnte. Das »Jenseits« muß ganz wo anders zu finden sein. Dies vermutete ich nach den Aussagen in den Rückführungen, wonach sich der Geist ganz in der Nähe der Menschen befinden soll. Bei genauerer Untersuchung der verstrichenen Zeit zwischen den einzelnen Leben stellte sich heraus, daß uns eine gewisse Energie umgibt, die ein Überleben des Geistes erst ermöglicht.

Die Biologen haben recht: Alle Informationen, die wir für unser Leben benötigen, werden »vererbt«. Jede Geburt ist eine Wiedergeburt – denn auf dieser Erde geht nichts verloren. Wenn es eine Wiedergeburt gibt, und davon bin ich überzeugt, so kann es dafür nur eine biologisch-physikalische Erklärung geben.

Einen Teil dieses Buches habe ich den Vorgängen im Unterbewußtsein gewidmet. Auch die Hypnose kommt nicht zu kurz, denn man sollte einen Überblick über die Methode und meine Vorgehensweise haben, um meine Ergebnisse beurteilen zu können.

In diesem Buch kann ich leider nur eine begrenzte Zahl von Fällen aus meiner Praxis schildern.

Sie sollten aus diesem Buch eigene Schlüsse ziehen. Es ist nicht gut, alles zu glauben, was auf Papier geschrieben steht. Der gesunde Menschenverstand ist gerade bei diesen vermeintlich unwissenschaftlichen Themen angebracht. Es ist auch das gute Recht eines jeden, nicht an die Wiedergeburt zu glauben. Wenn man bedenkt, wie lange die Menschheit auf einer Scheibe lebte und wie lange es dauerte, bis sich die Erkenntnis durchsetzte, die Erde sei eine Kugel, dann kann man nicht erwarten, daß in der Frage der Wiedergeburt sofort Einigkeit herrscht.

Wie leichtfertig man mit dem Tod umgeht, sehen Sie jeden Tag. Wir glauben ewig zu leben, solange es uns gut geht. Wir übersehen Schicksale, solange wir uns stark fühlen. Doch eines Tages kommt die erste Warnung, wenn gestandene Männer einfach umfallen und, zitternd vor Angst, zu keiner Leistung mehr fähig sind. Die erste Angst vor dem Tod ereilt uns alle im Alter von etwa 30 bis 40 Jahren. Dann ist möglicherweise der Augenblick gekommen, in dem das erste ernsthafte Nachdenken einsetzt. Was ist das für ein Gefühl, wenn man merkt, daß sich das Leben dem Ende neigt?

Werden wir dann das Gefühl haben, als würde es unseren Hals zuschnüren, oder schlägt unser Herz dann unruhig? Oder sind das alles nur Symptome einer Angst, die in uns allen verborgen liegt?

Werden wir leiden, oder, wie viele Menschen sich das wünschen, einfach einschlafen? Werden wir von einer langen Krankheit gequält, oder erlöst uns ein Unfall ganz schnell von diesem Leben?

Hat es sich gelohnt, dieses Leben zu ertragen? War es nötig, daß wir diese vielen Prüfungen und Erlebnisse ertragen mußten, nur um dann unwiderruflich vergangen zu sein? Was wird uns erwarten, wenn wir an Gott glauben? Wird es tatsächlich ein Gericht geben, das uns nach unserem Tod für unsere Sünden bestraft, oder erlöscht das Licht unseres Lebens einfach?

Gibt es im Augenblick des Todes einen wunderbaren Zustand des Schwebens und die Wärme eines Lichtes, welches uns schützend umgibt, wie das viele ins Leben zurückgeholte klinisch Tote berichten?

Wenn Sie sich diese Fragen noch nicht gestellt haben, dann sollten Sie sich vielleicht einmal überlegen, warum Sie täglich die Probleme und möglicherweise Leiden auf sich nehmen? Wir sind immer nur das, was wir glauben zu sein. Darum sind auch immer die anderen die Dummen – wir nie!

Wir Menschen sitzen alle in einem Boot. Wohin es fährt, wissen wir nicht, aber wir tragen Verantwortung dafür, daß dieses wunderbare Boot nicht durch Korruption und Geltungsdrang einiger unserer »Helden« vernichtet wird. Die Erde erhält alle ihre Kinder. Nicht der Tod des Einzelnen beendet das Leben, sondern der Tod der Erde. Hoffen wir, daß es noch lange dauert, bis es soweit ist. Daß es zu diesem Punkt kommen kann, wird kaum ein Mensch ernsthaft bezweifeln wollen.

Ich wünsche Ihnen nachdenkliche Stunden beim Lesen meines Buches.

Ihr Peter Thienel
Hypnoseforscher

2

Die Menschheitsgeschichte in uns

Immer wieder versuchen Menschen, in den Weltraum vorzustoßen und dort die Antworten auf so viele Fragen zu finden, die uns Menschen betreffen. Wer sich mit der »Wahrheit« beschäftigt, bemerkt sehr schnell, wie klein sein geistiges Vermögen ist. Und doch lernen wir Menschen, mit neuen Dimensionen des Denkens zurechtzukommen.

Noch vor einigen Jahren meinten wir, daß es eine Sensation sei, wenn Astronauten den Mond betreten. Viele von uns erinnern sich noch an die Bilder vom Mond. Die Situation war irgendwie unwirklich. Die Entfernung zwischen der Erde und dem Mond ist so riesig und doch war an diesem Tag klar, daß es künftig etwas ganz Normales sein würde, darüber zu reden.

Heute werden Raumflüge nicht mehr so genau verfolgt. Nur wenn eine Rakete versagt, kommen wieder Gedanken auf über Nutzen und Größe dieser Projekte. Wir haben uns schon damit abgefunden, daß die Reise in den Weltraum etwas Normales ist. Wie erstaunt sind wir, wenn sich herausstellt, daß eine Rakete auch nicht sicherer ist als alles andere auf dieser Welt. Hatten wir wirklich vergessen, welches Risiko hinter dem reibungslosen Ablauf dieser Unternehmungen steckt?

Ja, wir haben! Es ist auch in unserem täglichen Leben so. Wir vergessen und verdrängen, daß wir auf dieser Erde nur eine begrenzte Zeit verweilen werden und uns dann der Tod einholt. Unser Leben scheint »normal«. Dieses Verhalten bezieht sich auf alle Bereiche unseres Lebens. Wir halten inzwischen nichts mehr für unmöglich.

Es gibt nur eine Ausnahme: Der Tod. Wir sind weniger belastbar als unsere Vorfahren, haben trotz Friedenszeiten mehr Angst als die Kriegsgeneration und machen uns täglich etwas vor, wenn es um die Zukunft geht. Wer sind wir? Was verleitet uns zu diesem Verhalten?

Lassen Sie uns eine gedankliche Zeitreise machen. Ja, gehen wir ganz zum Anfang allen Lebens zurück. Ich neige dazu, religiöse Überlegungen aus meinen Betrachtungen herauszulassen. Nicht, weil ich ein »Ungläubiger« bin, sondern weil ich in meinem Leben erfahren habe, daß viele Geschichten, die da geschrieben stehen, von der Wissenschaft eingeholt worden sind. Das bedeutet, daß man immer wieder umdenken muß und langsam zur Entscheidung gedrängt wird, sich für Glauben oder Tatsachen zu entscheiden. Ich ziehe das zweite vor.

Wenn also Leben entstehen kann, dann nur, weil alle Faktoren in einer günstigen Konstellation zueinander stehen. Man kann das auch Zufall nennen. Nun begann also das Leben auf dieser Erde vor sehr langer Zeit. Gerade Zeit ist aber etwas Relatives. Woran also sollen wir uns messen? Eine Eintagsfliege hat innerhalb weniger Stunden ein ganzes Leben hinter sich. Bezieht man das auf die Lebenszeit des Menschen, dann hat es unzählige Fliegenleben gegeben.

Ich neige deshalb dazu, unser Leben als ebenso kurz anzusehen. Kurz ist unser Leben allemal, denn Vergangenheit läßt sich nicht messen und nur der Augenblick oder die Einbildung, was die Zukunft angeht, läßt uns Zeit verspüren. So gesehen ist ein Menschenleben sehr kurz. Erst recht, wenn man die zurückliegenden Jahrhunderte betrachtet: Der Fortschritt ist eigentlich nicht sehr gewaltig gewesen. Man vertut sich schon mal um einige hundert Jahre, wenn man schätzen soll, aus welcher Zeit eine bestimmte Kleidung stammt.

Wie weit ist dann die Entstehungsgeschichte der Menschheit von uns entfernt?

Zurück zu unserer Zeitreise: Stellen Sie sich vor, Sie leben im Wasser und sind ein ganz einfaches Wesen. Sie schweben im

Wasser dahin und leben. Sie fühlen sich bestimmt nicht anders als sonst. Sie kennen dieses Gefühl sogar. Stellen Sie sich noch mehr darauf ein. Schauen Sie sich um. Sie sehen das Leben unter Wasser. Wie dieses Bild entsteht, soll uns egal sein, denn Bilder können auch aus dem Gefühl entstehen.

Machen wir einen Zeitsprung. Sie können jetzt aus dem Wasser hinausschauen. Sehen Sie genau hin. Wie sieht die Landschaft aus? Jetzt bewegen Sie sich kriechend am Ufer. Sie haben ein Gefühl für den Boden bekommen. Auch wenn Sie ein kleines Wesen sind, so haben Sie doch klare Eindrücke. Aus Ihrer Perspektive sieht Sand schon etwas grobkörniger aus, ein winziger Hügel versperrt Ihnen die Sicht. Sie kriechen auf den kleinen Hügel hinauf. Was sehen Sie?

Geht es Ihnen bei dieser Art der Betrachtung wie vielen anderen Menschen? Sehen Sie auch riesige Bäume mit großen Blättern. Blätter, die wir eigentlich nicht aus unserem Garten kennen? Haben Sie auch das Gefühl, als seien Sie in dieser Umgebung allein? Haben Sie auch daran gedacht, ob es ein Tier geben könnte, das Sie verspeisen möchte? Dachten Sie gar an einen Vogel?

Gehen wir in der Zeit weiter. Sie sehen nun die Erde aus großer Höhe. Sie sind ein großes Tier. Sie bewegen sich und die Bäume sind nun nur noch klein wie das Gemüse in Ihrem Garten. Haben Sie auch das Gefühl, als sei viel mehr Wald da? Alles ist viel grüner?

Wenn Sie nun aus dieser Betrachtungsweise unsere Zeit beobachten, dann werden Sie schnell bemerken, daß die Entwicklung auf dieser Erde nicht vorteilhaft war. Schauen Sie sich die Menschen an, die ununterbrochen zwischen Maschinen leben und immer von Krach und Hektik umgeben sind. Waren die Zeiten damals im Meer oder beim ersten Lebensabschnitt an Land nicht viel angenehmer?

Wenn man Ihnen nun Menschen zeigt, die weinen, die mit dem Leben nicht fertig werden und innerlich zittern, können Sie dann verstehen, was so negativ an unserer Zeit ist? Ganz ehrlich: Würden Sie freiwillig tauschen?

Man versucht uns einzureden, daß unsere Zeit auch Vorteile hat. Tatsächlich gibt es vieles, was unser Leben einfacher macht, aber auf der anderen Seite bezahlen wir mit vielen anderen Problemen. Es ist nichts besser geworden, sondern vieles nur etwas anders.

Wenn ich dieses Kapitel auf die Menschheitsgeschichte in uns beziehe, dann nicht ohne Grund. Genaugenommen hat der sogenannte Fortschritt die wirklichen Wünsche und Sehnsüchte des Menschen auch nicht besser erfüllen können. Ablenkung ist genügend vorhanden, und sie wird wohl auch dringend nötig sein. Die Versprechungen vom Paradies haben uns nicht die Erfüllung gebracht, die wir brauchen.

Es ist deshalb wenig erstaunlich, daß immer mehr Menschen nach Erklärungen für ihr Dasein suchen. Diese Welle der Hoffnung, die wirklichen Geheimnisse dieses Lebens zu finden, wuchs in einer Zeit des Wohlstandes und der wissenschaftlichen Erklärungen. Wonach suchen wir also?

Die Geschichten von Gott beweisen nur zu gut, daß der Mensch nie glauben wollte, einfach nur ein »Produkt« der Natur zu sein. Er hatte immer den Wunsch, etwas Besonderes zu sein. Diese Grundeinstellung hat sich auch in unserer Zeit nicht verändert. Wir verwenden heute nur andere Mittel, um unsere »Großartigkeit« unter Beweis zu stellen.

Wenn in uns dieses Gefühl also verankert ist, etwas Besonderes zu sein, dann muß das einen Grund haben. Vielleicht ist der Mensch tatsächlich etwas Besonderes?

Immer wieder haben Forscher versucht, dem inneren Geheimnis des Menschen auf die Spur zu kommen. Daß innerhalb der Lebensgeschichte dabei so wenig gefunden wurde, ist erstaunlich. Entweder handelt es sich um das bestgehütetste Geheimnis überhaupt, oder es gibt keines!

Erst seit einigen Jahren haben Forscher entdeckt, daß in unserem Unterbewußtsein Daten gespeichert werden, die man abrufen kann. Dabei war es nicht einfach, an diese Informationen zu gelangen. Man muß dazu wissen, daß unser Gehirn nur eine bestimmte Arbeitsgeschwindigkeit zuläßt und auch nur ganz begrenzte Aufgaben gleichzeitig durchführen kann. Da wir über einen sehr gefühlsbetonten Körper verfügen, sind die Daten aus diesem Bereich in der Überzahl. Das Verhältnis liegt ca. bei 500 Millionen zu 16!

Das bedeutet, daß wir vom Körper ca. 500 Millionen »gefühlsmäßige« Informationen in einer Sekunde bekommen und in der gleichen Zeit nur ca. 16 Informationen lernen und bearbeiten können. Dieses Verhältnis ist sehr kraß und hat auch für unser Leben Konsequenzen. Wir handeln hauptsächlich nach unserem Gefühl, und »gefühlsmäßig« ist auch die größte Datenmenge abgespeichert. Der Ausspruch der älteren Menschen, daß früher alles viel besser gewesen sei, gilt nur so lange, wie man nach dem Gefühl urteilt. Denkt man »logisch« darüber nach, dann stellt sich möglicherweise gar das Gegenteil heraus.

Auch die Informationen, die weiter zurückliegen als unser jetziges Leben, sind gefühlsbetont. Je weiter wir in der Lebensgeschichte eines Menschen forschen, umso stärker wird der Gefühlsdatenanteil. Daß es wirklich möglich ist, etwas aus den früheren Leben der Menschen zu erfahren, ist erwiesen. Bitte lassen Sie sich nicht durch die ewigen Zweifler von den Tatsachen ablenken.

Sie sollten Ihren eigenen gesunden Menschenverstand zu Rate ziehen. Weltweit wird auf diesem Gebiet geforscht, um Ihnen die Möglichkeit zu geben, Ihre Fragen nach dem Warum zu beantworten. Dazu später mehr.

Daß gerade das Gefühl uns dazu treibt, über unsere Existenz nachzudenken, hat seinen Grund. Wir haben einen »geistigen Computer« und leben damit, Daten zu verarbeiten. In Hypnose erzählten mir über 2000 Menschen, was über frühere Leben in ihrem Geist gespeichert ist. Viele Daten waren beweisbar. Wissenschaftlich anerkannt ist dennoch diese Arbeit nicht. Uns fehlt ein Gerät, das diese Daten wissenschaftlich beweisbar darstellt. Wenn jemand tatsächlich aus einem früheren Leben erzählt und sogar die damals vergrabene Schatztruhe wiederfindet, so ist das kein wissenschaftlicher Beweis. Denn es könnte ja auch sein, daß hier der Zufall eine Rolle gespielt hat. Ausreden gibt es genug, wenn es um die Erforschung des Geheimnisses des Menschen geht. Forschungsgelder sind für eine solche Arbeit nicht vorgesehen.

Die Berichte unter Hypnose sind aber immer noch eine der wenigen Möglichkeiten, überhaupt etwas aus dem früheren Leben zu erfahren. Wenn man sich viel Zeit nimmt, dann ist es tatsächlich möglich, bis zum Beginn des Lebens zurückzugehen. Erstaunlicherweise sind diese Daten nicht besonders schwer zu erhalten. Man muß jedoch systematisch in der Zeit zurückgehen, was einen großen Zeitaufwand bedeutet. Da man aber in der Hypnose größere Zeitsprünge vornehmen kann, wird der Untersuchungsaufwand im Bereich des Erträglichen gehalten.

Grundsätzlich besteht also die Möglichkeit, die ganze Geschichte eines Menschen zu untersuchen. Das bedeutet, daß jeder von uns die Daten unserer Erde in sich trägt. Wir sind durch unsere Erfahrungen ein Teil dieser Erde und werden immer wieder geboren. Da wir aber die Geschichte der Menschen in uns tragen, richtet sich unser Gefühl für Zukunft und Vergangenheit nach den inneren Daten aus. Alle Menschen sind also tatsächlich weitgehend gleich, denn über die lange Entwicklungsgeschichte haben wir alle Variationen des Lebens erfahren oder zumindest gesehen.

Manche Forscher auf dem Gebiet der Reinkarnationsforschung meinen, daß man einen bestimmten Lebensweg gehen muß und daß dieser durch die zurückliegenden Erfahrungen vorbestimmt ist. Dafür gibt es nur wenige Beweise. Meistens verläuft das jetzige Leben ganz anders. Wir unterliegen da einem undurchsichtigen Prinzip von Zufall, auch wenn manches wie Vorbestimmung erscheinen mag.

Viele Menschen versuchen immer wieder, sozial aufzusteigen, gar erfolgreich zu werden und scheitern immer wieder. Sie werden mir zustimmen, wenn ich sage, daß manchmal das »Schicksal« einfach zuschlägt und man wirklich nichts machen kann. Besonders auffällig wird das beim Verhältnis Aufwand zu Erfolg. Es gibt Menschen, denen alles in den Schoß fällt, andere wieder müssen viel tun, um überhaupt existieren zu können. Wer aber kann die Antwort auf das Warum geben?

Unterliegen wir tatsächlich einem bestimmten Rhythmus in unserem Leben? Warum ändert sich alle sieben Jahre etwas in unserem Leben? Schon unsere Vorfahren haben vor Tausenden von Jahren diese Erkenntnisse gewonnen. Auch in der christlichen Geschichte kennt man die sieben fetten und die sieben mageren Jahre. Alles ist ein Kommen und Gehen und deshalb glaube ich, daß viele Menschen einen Fehler bei der Betrachtung ihres Lebens machen, wenn sie an die Vorherbestimmung ihres Lebens glauben. Die Untersuchung von früheren Existenzen zeigt klar auf, daß Leben und die dazugehörige Geschichte immer ein Produkt des Zufalls sind. Wer krank ist, der würde alles Geld der Welt hergeben, um endlich gesund zu sein. Wer gesund ist, der wünscht sich nichts mehr, als die unwichtigen Dinge dieser Welt. Was nötig und unwichtig ist, das bestimmt unser Standpunkt im Leben.

Und doch gibt es einen Faktor, den man auch bei den Untersuchungen beobachten kann. Unsere »Denkweise«! Auch in den Erzählungen aus früheren Leben wird deutlich, daß die persönliche Einstellung eines jeden der Schmied für die Qualität des Lebens war. Auch uns geht es so. Manchmal brauchen wir nur ein kleines Ziel, um die Probleme lösen zu können.

Daß wir tatsächlich die Menschheitsgeschichte in uns tragen, zeigt auch die biologische Tatsache, daß das Embryo alle Stationen der Lebensgeschichte im Mutterleib durchmacht. Es erlebt Entwicklungsphasen, in denen es Kiemen hat ebenso wie eine starke Behaarung am ganzen Körper. Das bedeutet, daß diese Stationen tatsächlich durchlebt und geistig verarbeitet werden. Gleichzeitig werden die Daten im Unterbewußtsein nach und nach eingebettet.

Die Geschichte in uns ist ebenso variantenreich wie die Geschichte dieser Welt mit ihren Kriegen, Katastrophen und Glücksfällen. Wir können nicht erwarten, daß gerade wir diesem Schicksal entgehen. Leben bedeutet, mit allem rechnen zu müssen. Leben trägt Risiko in sich.

Wer 80 Jahre alt werden möchte, der muß sich auch darüber klar sein, daß er seinem »Schicksal« nicht entrinnen kann. Wir leben jetzt in einer Zeit des Friedens. Dieser Friede dauert schon sehr lange und man sollte nicht meinen, daß der momentane Zustand normal ist. Die Geschichte hat immer wieder belegt, wie lange der Mensch in Frieden leben kann. Statistisch gesehen erlebte bisher jeder Mensch zumindest einen Krieg. In den letzten 100 Jahren sieht diese Bilanz noch negativer aus. In Rückführungen berichten immer mehr junge Menschen von einem grausamen Tod im Ersten und Zweiten Weltkrieg. Tatsächlich steigt die Zahl derer sprunghaft an, die aus der Zeit des letzten Weltkriegs berichten. Es ist die Jugend, die nun unbemerkt die Probleme aus der letzten Existenz verarbeiten muß. Viele Eltern berichten von Kindern, die panische Angst erfüllt, wenn im Fernsehen Kriegsfilme gezeigt werden. Aber auch andere Regungen sind sichtbar. Manchmal kommt sogar unbändige Freude beim Betrachten der grausamen Bilder auf. Wir alle müssen mit diesen Tatsachen leben. Wir dürfen uns selbst nicht betrügen, indem wir meinen, daß sich so etwas nicht wiederholen könnte. Die Menschen, die das ermöglichen, leben schon, oder besser, wieder!

Die Menschheitsgeschichte in uns gibt uns auch Verantwortung in die Hand. Was nutzt unser Leben, wenn wir nicht zumindest aus den Gefühlen in uns lernen. Welcher Politiker hat bisher Entscheidungen getroffen, die auch für sein nächstes Leben gültig sind? Warum sind Politiker so alt? Bedeutet Alter nicht auch das Verdrängen von Angst? Nicht die Politiker werden an den Folgen eines nuklearen Unglücks langsam sterben, sondern unsere Kinder. Politiker sind schon alt. Auch hier zeigt die Geschichte, daß die Einstellung »nach mir die Sintflut« nicht neu ist.

Was aber, wenn sich nun endlich die Vorstellung verbreitet, daß wir wieder auf dieser Welt leben werden? Das könnte bedeuten, daß sich etwas verändert und die Menschheitsgeschichte in uns einen anderen Schwerpunkt bekommt.

Wir alle tragen diese Geschichte in uns. Es ist nicht leicht, die Bürde zu tragen, aber wer sich ihrer bewußt wird, der kann seinen Anteil verändern. Wenn alle Menschen sich ihres Anteils an der Geschichte der Menschen bewußt werden, dann könnte das erstmals einen echten Fortschritt der Menschheit in Sachen Menschlichkeit bedeuten.

Wann wird der Unsinn endlich aufhören, daß Menschen meinen, nur wegen einer bestimmten Ausbildung über andere Menschen den Stab brechen zu können. Es gibt bestimmte Gruppen in unserer Gesellschaft, denen Beurteilungsrechte über andere Menschen eingeräumt werden. Diese Gruppen verhindern den wirklichen Fortschritt auf allen Gebieten und bedecken den eigenen Dreck mit dem Berufsmantel. Bestimmt fallen Ihnen dazu eigene Beispiele ein.

Es gab in unserer Menschheitsgeschichte auch Zeiten, wo das Können und nicht ein einfaches Blatt Papier entschied, wer etwas kann und, was wichtiger ist, wer etwas darf! In unserer Zeit scheinen uns diese Dinge aus den Händen zu gleiten. Wir Menschen sind alle gleich, nur unsere Einbildung macht uns verschieden. Aber auch diese Einbildung ist nicht von Dauer, denn an dem Tag, wo unser Geist in das Licht eintaucht und unser Herz nicht mehr schlägt, nutzt uns der beste Nachruf nichts mehr. Dabei könnte man uns unser Leben auf eine ganz einfache Art danken: Man bräuchte nur eine lebenswerte Welt erhalten und an dem Tag, wo wir wieder auf diese Welt kommen, sollten Eltern da sein, die wissen, daß wir etwas älter sind als wir aussehen. Wir wünschen uns nicht noch einmal die schlimmen Erfahrungen von Krieg und Gewalt. Wir möchten keine Eltern, die Alkoholiker sind und unfähig, uns in die neuen Zeiten einzuweisen. Wir suchen keine Menschen, die meinen, uns besitzen zu können. Wir wollen einfach lernen, was das wirkliche Leben sein könnte.

Leider erwartet uns in unserem nächsten Leben noch viel mehr.

Ein Experiment

Sie kennen bestimmt Menschen, die nicht daran glauben, wiedergeboren zu werden. Es wäre falsch, wenn man mit Überredungskunst versuchen würde, den anderen eines besseren zu belehren. Keiner weiß besser als wir, daß letztlich nur Beweise zählen.

Solange Menschen leben, gibt es diesen Gedanken, etwas Bleibendes zu schaffen und der Nachwelt zu zeigen, was zu unserer Zeit möglich war. Aber wer sagt denn, daß wir anderen Menschen etwas hinterlassen wollen. Ist es nicht auch möglich, daß wir Beweise für uns selbst in einem neuen Leben hinterlassen?

Bei meinen Forschungen erlebte ich einen Fall, in dem eine junge Dame im Urlaub vor einer Statue in Holland stand und aus ihr unverständlichen Gründen weinen mußte. Sie versuchte immer wieder, ganz ruhig zu bleiben, wenn sie zu dieser Statue kam, aber immer wieder überkam sie dieses Gefühl, einfach weinen zu müssen.

Tatsächlich schilderte sie in einer Rückführung ein Leben in Holland als Tochter eines Bankiers. Diese Statue stellte ihren Vater dar, der im Jahre 1822 gestorben war. An diesem Beispiel kann man sehen, daß die Vergangenheit manchmal in unser Leben treten kann, ohne daß wir uns dessen bewußt sind.

Die junge Frau hatte natürlich das Gefühl, daß sie die Person kennt, aber der Grund war ihr nicht klar. Andere Forscher, hier sei Stevenson besonders genannt, haben Fälle untersucht, in denen sich Menschen ohne Hypnose in der Kindheit einfach an ihr früheres Leben erinnerten. Es gibt Völker, die an diese Möglichkeit glauben, und das mag auch der Grund sein, daß die Häufigkeit der Erinnerungsfälle bei ihnen so hoch ist.

Wenn wir wissen, wonach wir suchen sollen, besteht auch die Möglichkeit, daß wir es finden. Das ist auch der Grund, warum ich Sie bitten möchte, bei einem Experiment mitzumachen.

Folgendes soll geschehen:

Sie sollen dafür sorgen, daß es einen Hinweis auf Ihre Existenz gibt, den allein Sie wissen. Sie könnten also irgendwo ein Zeichen anbringen oder einen bestimmten Gegenstand vergraben, der die Zeit der Ruhe überdauern soll. Natürlich ist es wichtig, daß es sich um einen sicheren Ort handelt, denn es nützt nichts, wenn man den Baum fällt, in den Sie etwas eingeritzt haben.

Wenn Sie genau überlegen, dann wird Ihnen auch etwas einfallen. Nachdem Sie nun diesen »Grundstein« gelegt haben, sollten Sie regelmäßig zu dem Ort zurückkehren. Das ist wichtig, damit in Ihrem Geist dieser Vorgang auch als wichtiges Ereignis gespeichert werden kann.

Dazu mein Vorschlag:

Nehmen Sie mein Buch und machen Sie darin einen umfassenden Eintrag. Schildern Sie kurz Ihr Leben. Dann legen Sie das Buch in einen Behälter, der vor Wasser u. a. schützt. Im Zeitalter des Kunststoffs sollte das leicht fallen. Dieser Behälter muß absolut dicht sein. Suchen Sie nun einen Ort, wo Sie diesen Behälter vergraben können. Der Vorteil liegt auf der Hand. Wenn Sie den Behälter wiederfinden, dann haben Sie durch das Buch eine gute Möglichkeit, sich an den Grund des Experimentes zu erinnern.

In diesem Behälter könnte auch ein Bild von Ihnen liegen und möglicherweise Dinge, die Ihnen später die Erinnerung erleichtern. Auch sollten Sie einen Hinweis geben, wer Ihre nächsten Verwandten sind, und, was wichtig ist, wer Ihre Enkel sind, wenn Sie welche haben. Bei Ihren Besuchen an der Stelle, wo das Buch und Ihre Sachen vergraben sind, sollten Sie immer wieder genau durch Schritte den Weg dorthin vermessen. Stellen Sie sich vor, daß Sie später an der gleichen Stelle veränderte Zustände antreffen können. Darum sollte ein Haus oder ein markanter Ort in der Nähe sein und von dort aus durch Abzählen der Schritte der richtige Punkt gefunden werden können.

Ob man sich auf diesem Weg später einmal sein eigenes Haus vererben kann, wollen wir nicht weiter überdenken. Es ist ein Versuch, und wenn Sie tatsächlich später diese Dinge wieder finden, auch ein wichtiger Beweis.

Am Ende dieses Buches werden Sie einige Seiten finden, auf denen Sie die Angaben machen können.

So können Sie auf jeden Fall sicher sein, daß Sie in Ihrem

nächsten Leben die Möglichkeit haben werden, sich durch geeignete Maßnahmen an Ihr zurückliegendes Leben genau erinnern zu können.

3

Jenseits, gibt es das?

Auf unserer Erde herrscht ein stetes Kommen und Gehen. Alles unterliegt einem Rotationsprozeß. Man rechnet mit einer durchschnittlichen Lebenszeit von ca. 70-80 Jahren. Dabei sollte man sich überlegen, daß mit diesen Zahlen nur eine wiederkehrende Rhythmik ausgedrückt wird. Damit für uns selbst die Lebenszeit erträglich bleibt, gibt es einen ganz speziellen Vorgang in unserem Unterbewußtsein. Man könnte es das Vergessen nennen. Genaugenommen ist das falsch, denn wirklich vergessen ist nichts. Das ist uns ja aus dem täglichen Leben bereits bekannt. Vielmehr werden die Informationen übereinander »abgelegt«. Unser Unterbewußtsein legt »Ordner« an, in denen die Erfahrungen und Erlebnisse zugehörig abgelegt werden. Viele dieser Informationen werden abgerufen, wenn etwas ähnliches wieder geschieht, oder diese Erkenntnisse gebraucht werden. Dabei wandert vieles, was uns unangenehm ist, in den »Keller« und verstaubt dort.

Auch Probleme werden von uns in den »Keller« verbannt. Man nennt das einen Verdrängungsprozeß. Beim Menschen besteht aber geistig immer eine Verbindung zu diesem »Keller«. Wie eine Sehnsucht liegen dort Probleme, die auf Dauer zu körperlichen und psychischen Krankheiten führen. Um an diese verborgenen Probleme zu gelangen, hat die Psychologie viele Wege ersonnen. So wird auch die Hypnose bereits von Psychiatern angewendet, um in diesem »Keller« endlich einmal auszumisten. Verdrängte Probleme können den Schlaf rauben oder uns sogar einfach über den Kopf wachsen.

Doch nicht nur Probleme sind dort gehortet, sondern auch die Erlebnisse bei der Geburt. Sogar vor der Geburt hat sich das Ungeborene bereits ein Bild von seiner Mutter machen können. Diese Eindrücke waren so wichtig, daß sie über gut oder böse dieser engen Mutter-Kind-Beziehung entscheiden können. Da fällt mir ein Fall ein, in dem ein Mann in Hypnose schildert, wie es im Mutterleib aussieht.

Er befindet sich zwei Monate vor der Geburt im Bauch seiner Mutter und beschreibt, daß es warm ist. Er hört Geräusche, die von außen kommen. Wenn seine Mutter spricht, dann hört sich das ganz dumpf an und ein leichtes Beben ist zu fühlen. Dann monotone Geräusche. Die Mutter arbeitet an einer Maschine und bewegt sich dazu im Takt. Immer wieder dieses Bumm. Wenn Mutter läuft, dann ist es schön. Zu dieser Zeit schläft er am liebsten. Auch hört er Musik. Wir haben nach der Hypnose versucht, diese Musik herauszufinden. Er erinnert sich, daß sich das Lied »Junge komm bald wieder« von Freddy ähnlich anhört. Als ich ihn frage, was er meint, wie seine Mutter ist, antwortet er mir: »Eine liebe Frau. Sie arbeitet viel, ist aber ein ruhiger und ausgeglichener Mensch gewesen. Irgendwie war es schön.«

Natürlich gibt es auch andere Beschreibungen, wo Gefühle von Unerwünschtheit und Streit das Ungeborene sicherlich belasten.

Bestimmt haben Sie schon erkannt, daß man mit dem Einsatz der Hypnose Erstaunliches erreichen kann. Ich möchte Sie aber auch warnen. Hüten Sie sich vor Menschen, die die Hypnose für irgendwelche Glaubensformen nutzen. So las ich kürzlich in einer Zeitschrift von einem Hypnotiseur, der die Hypnose für das Anrufen von Verstorbenen benutzt. Hier ist die Grenze zur kriminellen Handlung längst überschritten. Er versetzt Menschen in Hypnose und suggeriert dann, die Stimme eines Verstorbenen zu hören. Durch solche Suggestionen wird der Glaube an Gespenster implantiert, was zu schweren seelischen Störungen führen kann. Angstzustände und Verfolgungswahn sind das Ergebnis. Man kann derartig gefährliche Versuche nicht billigen. Auch halte ich es für falsch, die Hypnose für die Zukunftsschau zu nutzen. Dies kann zu Problemen im späteren Leben führen. Eine Rückführung dagegen kann dem Menschen nur helfen. Denn das gefundene Material ist ja schon in ihm vorhanden, und aus Erfahrung wird man ja bekanntlich klug.

Wenn es also möglich ist, Erlebnisse aus dem Mutterleib zu schildern, dann liegt es nahe, noch weiter zurückzugehen. Dazu wollen wir jetzt einmal in ein früheres Leben vorstoßen. Dort angekommen, gehen wir durch das Leben hindurch und kommen zu dem Moment, wo die Schilderung des Todes beginnt. Dazu wieder ein Fall, in dem uns eine junge Frau ihre Eindrücke schildert.

Wir schreiben das Jahr 1939. Sie ist 63 Jahre alt und liegt in einem einfachen Bett. Sie schildert ihre Schmerzen in der Herzgegend. Dann stirbt sie.

»Ich fühle nichts mehr. Alles ist ruhig und ich habe das Gefühl, als fange ich an zu schweben. Jetzt sehe ich meinen Körper im Bett liegen.« Danach schildert sie, daß Wolken zu sehen sind. »Ich schwebe in die Wolke hinein und dann ist da nur noch Licht. Es ist ein warmes, beruhigendes Licht.« Dann scheint die Zeit stillzustehen. Ich gebe Anweisung, weiter in die Zukunft zu gehen und sofort alles zu schildern, wenn sich etwas verändert. Nach kurzer Zeit sagt sie: »Ich sehe einen dunklen Punkt. Er wird immer größer. Nein, es ist kein Punkt, sondern ein Tunnel. Ich muß in den Tunnel hinein, aber ich will nicht. Ich werde hineingesaugt und alles dreht sich. Es ist dunkel und nur manchmal sind einige hellere Streifen zu erkennen. Dann ist es still. Es ist immer noch dunkel und ich habe das Gefühl, als bin ich in einem großen Raum. Ich schwimme. Wasser? Ja, Wasser. Es ist warm und dunkel und ruhig.«

Sie schildert, daß der Raum nun kleiner geworden sei. Erst später wird klar, daß nicht der Raum kleiner, sondern sie gewachsen ist. Nach neun Monaten wird sie geboren. Sie ist ein Mädchen und schildert nun ihr jetziges Leben. Diese Geburt war im Jahre 1958.

Die Schilderungen der Zeit zwischen den Leben sind nicht immer gleich. Jeder Mensch empfindet anders. Hier ein zweiter Fall, den ich Ihnen nicht vorenthalten möchte: Ein junger Mann beschreibt seinen Tod folgendermaßen: Er war damals im Jahre 1622 eine Frau, die durch Brandstiftung ein Opfer der Flammen wird. Erst 21 Jahre alt, verbrennt sie und sieht durch die Flammen hindurch. Dann bricht sie zusammen. Kurz darauf sieht sie die Hütte, die schon völlig abgebrannt ist. Auch sind Bewohner des Dorfes zu sehen, die sich noch bemühen, sie zu retten. Aber es ist zu spät. Sie stirbt. Dann schwebt ihr Geist noch einmal über die Wiesen hinweg, bevor er aufsteigt. Nun wird geschildert, daß dieser Flug in eine Wolke führt. Aber richtige Wolken sind das nicht, berichtigt sich die Tote. Dann sieht sie eine Gestalt aus Licht. »Ich stehe davor und möchte vorbei, aber es geht nicht.« Dann befindet sie sich auf einmal auf der anderen Seite. Es ist einfach hell. Auch hier folgt jetzt der bekannte Prozeß mit dem Tunnel. Kurze Zeit danach beginnt ein neues Leben in England. Als Sohn einer Bedienstetenfamilie. Der Name ist Edward, und als er gerade 6 Jahre alt ist, schreiben wir das Jahr 1641. Auch bei diesem Fall zeigt sich eine recht kurze Zeit bis zur Wiedergeburt.

Es ist erstaunlich, daß nur der Beginn des Todes und der Aufstieg zu dem, was wie eine Wolke wirkt, verschieden geschildert wird. Was den Weg in das neue Leben angeht, so ist eine hundertprozentige Übereinstimmung festzustellen. Ich nehme an, daß in der Todesphase eine Art Bilanz gezogen wird und besonders plastische Eindrücke aus dem Leben wie ein Film vor dem geistigen Auge ablaufen. Dann der Eintritt in das Licht und ein Stillstehen der Zeit.

Dabei ist es auch wichtig zu wissen, daß die Erlebnisse im früheren Leben entsprechend dem Zeitablauf geschildert werden. Das bedeutet, daß man für die lückenlose Erforschung eines solchen vergangenen Lebens tatsächlich wieder die gleiche Zeit bräuchte. Daher bedient man sich einiger Zeitsprünge, um wenigstens einen groben Überblick zu bekommen. Die Zeitgebundenheit verändert sich dann ab der Erscheinung des

Lichtes. Hier gibt es überhaupt kein Gefühl für Zeit mehr. Das läßt die Schlußfolgerung zu, daß in diesem Stadium auch keine neuen Daten im Unterbewußtsein aufgenommen werden. Denn es zeigt sich, daß nur die bildlichen Informationen das Zeitgefühl bestimmen. So ist es auch schwer, Anhaltspunkte für Zeit bei einer Schilderung der Nacht zu bekommen. Aber das geht uns jetzt ja ähnlich. Wenn es dort auf der anderen Seite, wie wir es einmal nennen wollen, wirklich etwas Wichtiges gäbe, so sollte es möglich sein, dieses abzurufen. Nur in einem Fall schien es so etwas gegeben zu haben. Diese Frau hat sich aber strikt geweigert, darüber zu sprechen. Dazu kam, daß sie meinte, man könne es eben nicht beschreiben. »Es geht einfach nicht. Wenn ich versuche darüber nachzudenken, dann ist der Gedanke einfach weg.«

Kann das bedeuten, daß hier ein Mechanismus wirksam wird, der verhindert, daß wir an dieses Wissen herankommen? Beantworten wir uns die Frage später.

Zunächst der dritte Bericht: Wir schreiben das Jahr 1712 und bekommen von einer Frau mit dem Namen Maria einen Lebensbericht. Sie ist damals die Tochter einer Krämerfamilie gewesen. Im Alter von 36 Jahren vergiftet sie sich selbst. Sie schildert ihren Todeskampf: Mein Körper wird ganz taub und ich fühle, wie meine Zunge pelzig wird. Dann wird sie besinnungslos. Erst nach einigen Minuten schildert sie, daß ihr Körper im Sessel regungslos liegt. Auf dem Boden ist das Glas zu sehen, aus dem sie den tödlichen Trank zu sich genommen hatte. Dann fühlt sie, daß es in Richtung Wolken geht. Auch sie meint, daß es nicht so hoch wie die Wolken sein kann. Dann aber geschieht etwas ganz anderes als bei unseren beiden anderen Schilderungen.

»Dort ist mein Mann! Er hat auf mich gewartet.« Dazu sollten Sie wissen, daß der Mann vor drei Monaten mit dem Pferdewagen gestürzt war und dabei zu Tode kam. Jetzt sieht sie diesen Mann vor sich. Sie hatte den Verlust nicht verwunden und seit seinem Todestag versucht, ihm zu folgen. Sie schildert weiter: »Er nimmt meine Hand und lächelt. Er hat gewußt, daß ich bald nachkommen würde. Wir schweben in das Licht hinein. Alles ist jetzt gut und ich bin so glücklich wie noch nie.« Sie weint bei dieser Schilderung. Dann sagt sie lange Zeit nichts mehr.

Kurz nach diesem Erlebnis ist nur noch das Licht da. Ihr Mann ist nicht mehr zu sehen. Aber sie glaubt nicht, daß sie allein ist. »Er muß ganz nah bei mir sein. Es ist warm und richtig schön.« Dann kommt der Moment, in dem diese Ruhe unterbrochen wird und der Tunnel saugt auch sie unbarmherzig auf. Sie wird wiedergeboren als Junge. Auch bei dieser Untersuchung zeigte sich, daß nur der Beginn des Todes variabel ist, nicht aber der Bereich ab dem Licht. Ab diesem Zeitpunkt scheint alles mechanisch sicher abzulaufen. Als handelt es sich um eine Einrichtung, die keine Variation zuläßt.

Daß wir hier eine Liebesgeschichte erlebt haben, muß uns nicht dazu veranlassen, an ein Jenseits zu glauben. Denn dieser Aufstieg dauert nicht sehr lange. Dann ist nichts mehr da, was an ein Jenseits mit Schulen und Kneipen glauben läßt. Warten Sie einfach ab, bevor Sie eine Bilanz ziehen. Es liegt eher der Verdacht nahe, daß kurz nach dem Eintritt des Todes eine Art traumatischer Zustand von uns Besitz ergreift. Das mag auch durch Sauerstoffmangel im Gehirn entstehen. Es sollen dabei morphiumähnliche Substanzen im Gehirn freiwerden. Doch vergessen wir auch nicht die Schilderungen von Moody, wo die klinisch Toten sogar die Ärzte beobachten konnten. Doch etwas war auch dort wiederzufinden. Die Ausschweifungen der Fantasie. Gerade im letzten Fall sehen wir den Ablauf recht genau. Zuerst wird noch geschildert, wie das Glas auf dem Boden liegt und der Körper im Sessel versunken ist. Dann ist dieses Bild ruckartig verschwunden und an dessen Stelle tritt der traumatische Zustand. Daß der Tod von außen nie mit absoluter Sicherheit bestimmt werden kann, zeigen immer wieder Fälle, in denen Menschen nach Stunden plötzlich wieder lebten. So ist es einigen begnadeten Fakiren vergönnt, sich sogar mehrere Tage lebendig begraben zu lassen, um später unter jubelndem Beifall ganz einfach weiterzuleben. Das läßt auch den Schluß zu, daß die Schilderungen unserer Versuchspersonen möglicherweise lange nach dem Todeseintritt im medizinischen Sinne erlebt wurden. Ich halte es für möglich, daß zwischen dem Todeseintritt und den geschilderten Erlebnissen mehrere Tage liegen können. Daß diese Theorie nicht aus der Luft gegriffen ist, soll uns der vierte Fall zeigen.

Ein Mann schildert seinen Tod im Jahre 1889. Er starb ganz friedlich in seinem Bett. Dann sieht er seine eigene Beerdigung. Er beschreibt, welche Personen anwesend sind und bemerkt auch, daß er erstmals ein Gefühl großer Liebe zu der kleinen Margarete empfindet. Margarete ist seine Enkeltochter, die zu diesem Zeitpunkt gerade 6 Jahre alt ist. Er meint: »Sie ist die einzige, zu der ich ein wirkliches Gefühl aufbauen kann. Ich bedauere es, ihr nie gesagt zu haben, wie sehr ich sie liebe. Die anderen stört es wenig, daß ich gestorben bin. Gleich werden sie über mein Geld herfallen.« Margarete weint. Die Beerdigung ist erst einige Tage nach seinem Tod, und doch kann er sie plastisch beschreiben. Gegenüber seinem toten Körper empfindet er nichts. Wie eine Hülle, die man ablegt, wie einen Anzug. Dann geht auch er auf die Reise ins Licht. Dabei schildert er, daß Margarete vor diesem Licht steht. Er schwebt durch sie hindurch und dann ist alles wie bei den anderen Berichten.

Lassen Sie mich kurz auf einige Behauptungen eingehen, die ich in Büchern verschiedener Autoren gelesen habe. So wird von einem Autor behauptet, daß die Seele gleichgeschlechtlich ist. Er meint, daß man immer wieder als Mann oder Frau auf die Welt kommt. Hier muß ich ganz entschieden widersprechen, denn ich habe bei vielen Rückführungen Schilderungen erhalten, die das Gegenteil beweisen. So schilderte ein Mann, wie er in einem früheren Leben ein Kind bekam. Nach dieser Rückführung sagte er, daß er jetzt verstehen könnte, welche Gefühle und auch Schmerzen eine Geburt bereitet. Auch würde er verstehen, daß sich psychisch in der werdenden Mutter Entscheidendes verändert.

Ich konnte auch beobachten, daß Männer oder Frauen, die recht regelmäßig in früheren Leben das Geschlecht gewechselt haben, bedeutend leichter in die Rolle des anderen Geschlechtes hineinschlüpfen können. Bei Männern zeigt sich das in einer gewissen Verständnisfähigkeit der Frau gegenüber. Ebenso bei Frauen den Männern gegenüber. Der Urmann oder die Urfrau ist da anders. Bestimmt kennen Sie einige dieser rücksichtslosen Exemplare, die mehr aus Haß und Begierde handeln als aus Gefühl. Männer, die überwiegend als Frau gelebt haben, zeigen auch eine auffallende Weichheit im Leben und fehlende Entscheidungsstärke. Bei Frauen zeigt sich das überwiegende Mannsein in einer dem Urmann eigenen proletenhaften Härte, gepaart mit der fehlenden Fähigkeit, sich unterzuordnen. Gerade das war erstaunlich, denn vor dieser Überlegung war mir nicht ganz klar, wie solche entscheidenden Unterschiede zustande kamen. In den meisten Fällen war kein Anhaltspunkt in der Erziehung oder durch Erfahrungen zu erkennen. Doch dieser Zusammenhang wird noch interessanter. Das Mannsein oder Frausein wird hauptsächlich vom Hormonhaushalt gesteuert. Doch bei genauer Betrachtung stellt sich die Frage, ob möglicherweise der Hormonhaushalt auch durch die Erfahrungen der Vergangenheit geprägt wird. Im Kapitel »Übertragung des Geistes« gehe ich darauf ein, warum die Biologen wahrscheinlich recht haben, wenn sie meinen, daß der Mensch letztlich alles durch die Erbanlagen übertragen bekommt. Dabei scheint der Geist eines Verstorbenen eine ganz wichtige Rolle bei der Anlage der Erbanlagen zu erfüllen.

Ein weiterer Irrtum fiel mir beim Lesen anderer Bücher auf. Da wird oft behauptet, daß der Mensch in einer vorherigen Existenz ein Tier gewesen sein könnte. Ich erlebte nur einen Fall, in dem eine Frau erzählte, daß sie hoch oben in der Luft sei und das Gefühl hätte, große Flügel zu haben. Sie sah von einer hohen Stelle aus, wie man einen Toten, der auf dem Hof eines Klosters lag, wegtrug. Im Laufe der Untersuchung wurde jedoch klar, daß sie kein Vogel gewesen war, sondern in dem geschilderten Leben geistig behindert. Sie war auf eine hohe Mauer geklettert, nachdem sie den Mann, den man jetzt fand, getötet hatte. Sie hatte ihm die Kehle durchgebissen. Ich kann mit absoluter Sicherheit sagen, daß der Mensch in einem vorherigen Leben kein Tier gewesen sein kann. Alle Versuche, dafür einen Beweis zu finden, sind gescheitert. Ich möchte in diesem Zusammenhang noch einen wichtigen Punkt aufzeigen. Vielfach wird behauptet, daß man bei einer Rückführung der eigenen Fantasie zum Opfer fällt. Das hat sich bei intensiven Forschungen nicht bestätigt. Gerade im Zustand der Hypnose werden keine Fantasie-Geschichten erzählt. Ich habe immer wieder versucht, Versuchspersonen dazu zu animieren, aber das Ergebnis war Schweigen. Beharrlich sagten so untersuchte Personen, daß sie das, was man ihnen als Hypnosebefehl eingibt, nicht sehen können. Hingegen war das im Wachzustand ganz einfach realisierbar. Das zeigen auch Versuche mit schizophrenen Patienten, die wohl in einer nie gekannten Art Bilder malen, vorgegebenen Themen aber nicht folgen. Das bedeutet, daß man im Hypnosezustand auch keinen Menschen zu etwas bewegen kann, was nicht zumindest seiner inneren Struktur entspricht. Das Erlebnis, in einem früheren Leben ein Tier gewesen zu sein, muß entweder als verschlüsseltes Traumerlebnis oder aber als Fantasie in einem unzureichenden Hypnosezustand angesehen werden. In der ganzen Zeit meiner Forschungen ist nie ein solcher Fall aufgetreten. Wenn es möglich wäre, daß der Mensch in die Rolle von Tieren schlüpft, dann würde es das Problem des Aussterbens bestimmter Tierarten nicht geben. Der Mensch als anpassungsfähigstes Lebewesen überhaupt, würde dann auch die Garantie für die Arterhaltung im Tierbereich sein. Diese Vorstellungen sind also rundweg falsch. Man darf wohl sagen, daß das, was für die Fortpflanzung gültig ist, auch für die Möglichkeiten des Geistes zutrifft. Gerade beim Geist werden ja alle Informationen der ganzen Menschheitsgeschichte inhaltlich auf das Ungeborene übertragen. Dabei ist das Gehirn ein Abbild der geistigen Datenmenge, die zur Verfügung steht. Nur wenn diese Bausteine genau ineinander passen, kann ein Mensch normal leben. Sind Unterschiede vorhanden, egal, ob es sich um die geistige Substanz handelt, oder die Ausbildung des Gehirns, dann treten die uns bekannten Störungen der geistigen Funktion auf. Man hat längst entdeckt, daß bestimmte Medikamente oder Bestrahlungen Mißbildungen oder geistige Defekte hervorrufen. Auch hier ist das Zusammenspiel nicht paßgenau. Auch wenn der

Mensch sonst nicht gerade vollkommen ist, so zeigt sich in diesem sensiblen Zusammenwirken die Präzision, die beim Entstehen eines Menschen notwendig ist.

Leben und Tod sind seit Menschengedenken geheimnisumwittert. Immer wieder hat man diese Vorgänge wegen der Unerklärlichkeit einem Wunder zugeschrieben. Auch wenn wir heute schon in fremde Galaxien fliegen wollen, ist das nicht ein Maßstab für die geistige Entwicklung, die wir durchgemacht haben. Unser modernes Zeitalter täuscht über die Denkweisen hinweg, die fest in uns verankert sind. Es ist noch nicht viel Zeit vergangen, seit man Hexen verbrannte. Wir machen immer wieder den Fehler, zu glauben, daß 100 Jahre wirklich Fortschritt bedeuten. Aber selbst 500 Jahre sind nichts. Ein Beispiel ist unsere Kleidung. Machen Sie sich die Mühe, alte Bücher danach durchzustöbern. Sie werden manches Stück in Ihrem Schrank als Mode vor 500 oder gar 800 Jahren erkennen. Aus diesem Grund ist es wahrscheinlich auch möglich, daß so mancher immer noch an eine Art Schule im Jenseits glaubt oder anderen bedenklichen Gedanken nachhängt. Wenn es Schulen im Jenseits geben würde, dann müßten wir zumindest einen kleinen Fortschritt im Denken gemacht haben. Doch ich kann diese geheimnisvoll erlernte Weisheit auf dieser Welt beim besten Willen nicht erkennen.

Und doch scheint der Tod und die Erzählungen darüber das letzte große Abenteuer für viele Menschen zu sein. In spiritistischen Sitzungen fallen sie gern auf Tricks herein und auch der große Meister XYZ findet immer wieder Zuschauer und Gläubige für seine wunderbar geheimnisvollen Suchaktionen von versteckten Gegenständen. Man muß schon recht naiv sein, wenn man die magischen Fähigkeiten aufgrund einfach erklärbarer Tricks als gegeben hinnimmt. Alles, was den geistigen Horizont dieser naiven Gläubigen übersteigt, ist eben ein Wunder. Da kann man sich wirklich nur wundern!

Doch von diesen gutgläubigen Menschen gibt es sehr viele. Der »Esoterik-Boom«, der gerade unser Land überschwemmt, zeigt das in aller Deutlichkeit.

Der Tod hat immer wieder große Persönlichkeiten fasziniert. Maler beschäftigten sich ebenso damit wie Komponisten. Immer hat man versucht, mit den Verstorbenen Verbindungen aufzubauen. Dabei kamen Stimmen auf Tonbänder und neuerdings muß auch der Videorecorder als wissenschaftliches Indiz herhalten. Doch wir dürfen nicht vergessen, daß neben den Wohnzimmerforschern auch professionelle Forscher am Werke sind. Mit Geräten ausgestattet, die unglaubliche Summen gekostet haben und dermaßen genau sind, daß es die Vorstellungskraft der meisten Menschen übersteigt, gehen sie auf die Suche, die letzten Geheimnisse unserer Welt, unseres Körpers und des ganzen Universums zu erforschen. Radiowellen von entferntesten Himmelskörpern werden eingefangen und sogar erste Beweise für schwarze Löcher werden gesichert. All diese technischen Möglichkeiten haben bei der Suche nach Stimmen der Verstorbenen versagt. Diesen Forschern sei angeraten, daß sie sich einen Cassettenrecorder besorgen oder einen einfachen Videorecorder, denn damit lassen sich die wirklichen Geheimnisse des Menschen erforschen. Man kann Unsummen an Geldern sparen, denn die Preise für diese primitiven Geräte mit all ihren Täuschungsmöglichkeiten sind unvorstellbar günstig zu erwerben. So begibt sich also der Gläubige mit viel besseren Geräten auf die Suche, seine Vorstellungen zu beweisen und bemerkt dabei nicht, welch hohen Preis er eigentlich für diesen »Rauschgenerator« bezahlt hat.

Mangelnde Abschirmungen der Leitungen wirken wie wundersame Antennen, die in einmaliger Weise den Wellensalat auf dieser Erde in die wissenschaftlich wichtigen Botschaften umwandeln, die den großen Geräten vorenthalten bleiben. Zunächst undeutliche Botschaften aus dem Jenseits werden dann durch dauerndes wiederholtes Anhören von unserem so leistungsfähigen Gehirn in Klartext umgesetzt. Übrigens hat noch kaum ein Mensch darüber nachgedacht, was eigentlich unser Organismus von dieser dauernden Bestrahlung hält, die ähnlich der Energie in unserem Mikrowellenherd ist. Übrigens wissen die meisten Menschen auch nicht, daß ein einfaches UKW-Funkgerät mit nur 5 Watt Leistung für das Garen einer Fingerkuppe ausreicht. Wenn Sie es nicht glauben, dann halten Sie doch einmal einen Finger an die Antennenbuchse. Drücken Sie dann die Sendetaste und singen Sie ein Lied. Ich glaube kaum, daß Sie das ganze Lied singen werden. Fragen Sie das Hähnchen in Ihrem Mikrogrill. Diese Bestrahlung wirkt auf Dauer unangenehm. Das bedeutet aber auch, daß man möglicherweise bei der Suche nach Ursachen für Krankheiten darüber nachdenken sollte. Ich bin kein Wissenschaftler auf diesem Bereich und kann nur aufgrund meiner Kenntnisse in der Hochfrequenztechnik annehmen, daß diese Strahlung auf Dauer auch das Erbgut verändern kann. Auch wäre es wichtig, zu klären, ob die Strahlenbelastung möglicherweise für das Entstehen von Krebs, und was auch zu bedenken ist, für die steigenden Fälle von Kopfschmerzen verantwortlich sein kann. Möglicherweise finden sich ja einige kompetente Wissenschaftler, die meine Anregung in dieser Hinsicht aufgreifen.

Man kann sehen, auf welche nützlichen Gedanken einen die Tonbandstimmenforschung bringen kann ...

Ich habe in einigen Büchern gelesen, daß es ein Geistwesen geben soll, welches den Geist der Verstorbenen in sich aufnimmt. Hier muß ich zustimmen, denn auch wenn hier der Vorgang, den ich untersucht habe, als Geistwesen bezeichnet wird, so liegt diese Vermutung nahe an meinen Erkenntnissen. Ich sehe dieses Geistwesen im lebenden Menschen. Doch wenn das so ist, daß der Geist des Verstorbenen in uns weiterexistiert, dann könnte es ja auch möglich sein, damit Kontakt aufzunehmen. So nahe, wie bei meiner Überlegung, war der Geist noch nie. Kann es sogar sein, daß wir vom Geist des Verstorbenen beeinflußt werden? Ich persönlich habe dafür keine Anhaltspunkte und möchte auch zu dieser Frage nichts weiter sagen. Spekulationen nützen nichts, denn nur weitere Untersuchungen können möglicherweise Klarheit bringen. Bei meinen Untersuchungen habe ich es vermieden, vorher Informationen über den Vorgang des Sterbens zu geben. Trotzdem waren die Schilderungen, auch von Menschen, die nicht an ein Weiterleben nach dem Tod glaubten, identisch.

Es gibt auch Erkenntnisse, daß Kinder im jungen Alter manchmal genau schildern können, wo sie früher gelebt haben. Stevenson hat viele dieser Fälle untersucht und dabei stellte sich heraus, daß gerade in Indien mehrere Fälle dieser Erinnerung aufgetreten sind. Aber auch von Brasilien und Ceylon sind solche Berichte bekannt.

Ich bin auch der Meinung, daß gerade in jungen Jahren solche Erinnerungen spontan möglich sind. Es wäre schön, wenn man den Erzählungen von Kindern etwas genauer nachgehen würde.

Fassen wir zusammen:

1. Es gibt keinen Hinweis in meinen Untersuchungen, daß der Mensch immer wieder gleichgeschlechtlich geboren wird. Vielmehr zeigen meine Forschungen, daß vielfach ein reger Wechsel des Geschlechts die Regel ist.
2. Es gab keinen Hinweis darauf, daß der Mensch in einer früheren Existenz ein Tier gewesen ist.
3. Die Berichte sagten nie etwas über ein Jenseits im klassischen Sinne aus. Außer der Erscheinung »Licht« und des späteren Gleitens durch einen Tunnel in das neu entstehende Leben war nichts erkennbar. In einigen Schilderungen war jedoch von einer Art Lichtgestalt die Rede, die die Umrisse eines menschlichen Körpers hatte. Nach dem Durchschreiten dieser Gestalt jedoch war nur noch Licht zu sehen.
4. Ich halte es für durchaus möglich, daß Kinder im Alter von etwa zwei bis sechs Jahren eine natürliche Erinnerung an eine frühere Existenz haben können. Man sollte entsprechende Äußerungen nicht mit Spinnerei abtun, sondern versuchen, die Beweise für die Aussagen des Kindes zu finden. Hüten sollte man sich jedoch davor, mit Gewalt jede Kleinigkeit als Beweis hinzudrehen.

4

Die Übertragung des Geistes

Sie werden feststellen, daß ich hier aufgrund meiner Untersuchungen ganz andere Erkenntnisse erhalte, als viele andere Forscher, die sich mit diesem Gebiet beschäftigen. Sie werden feststellen, daß ich keinesfalls esoterische Thesen vertrete, die sich auf ein angebliches Jenseits stützen oder die Vorstellungen der christlichen Lehre bestätigen. Ich bin mir darüber klar, daß ich mit diesem Buch ein heißes Eisen anfasse und habe lange überlegt, ob ich diese Ergebnisse überhaupt weitergeben soll.

Genaugenommen gibt es keinen Grund, warum der Mensch wissen sollte, wie er nun wirklich entsteht. Die Aufklärung über die Krankheiten hat uns auch keine Vorteile gebracht. Vielmehr erwachsen daraus weitere Probleme durch die negativen Gedanken, die durch dieses Wissen entstehen. Für mich bestand also die Frage, was ich durch die Darlegung meiner Erkenntnisse bezwecken würde. Gründe für das Schweigen gäbe es viele, denn wir sind im Begriff, bereits am ungeborenen Leben herumzuexperimentieren und möglicherweise führt meine Theorie zu weiteren, von der Dummheit geprägten Handlungen der Menschen. Darum sei jeder gewarnt. Wer entscheidende Informationen oder Erkenntnisse dazu benutzt, den Menschen zu beeinflussen, der begibt sich an den Rand eines Abgrunds.

Weitere Forschungen auf diesem Gebiet werden in den nächsten Jahren Licht in das Dunkel bringen. Vielleicht eröffnet uns die Entdeckung der Materie »Geist« die Möglichkeit, Menschen vollkommen künstlich herzustellen. Viele Zukunftsfilme und Romane erscheinen uns als Utopie, aber nehmen Sie sich alte Bücher vor, die als Romane unsere Zukunft im Jahre 2000 beschreiben, und Sie werden feststellen, daß viele Hirngespinste eingetreten sind. Dabei fällt auf, daß nicht selten die Befürchtungen bei weitem übertroffen wurden. Die Vorstellung, daß wir in andere Körper schlüpfen können, weil wir wissen, wie man den Geist handhaben muß, erscheint noch als Utopie. Aber es wird der Tag kommen, daß dies geschieht, wenn Gesetze und Kontrollen das nicht verhindern. Die Meinung, daß unser Geist eine Ruhepause braucht und auch deshalb der Tod eine wichtige Funktion hat, ist falsch. Der Tod ist nur unabänderlich, weil unser Körper vergänglich ist. Die Entwicklung der Mikroelektronik zeigt uns den Weg, den auch der Mensch gehen wird.

Ich möchte Ihnen nun so verständlich wie möglich meine Erkenntnisse weitergeben. Dazu lassen Sie mich wieder den Vergleich mit dem Computer verwenden, weil er die beste Möglichkeit ist, die Zusammenhänge zu beschreiben.

Lassen Sie uns vorher die Arbeitsmittel zurechtlegen. Wir haben auf einem großen Tisch links einen Menschen liegen, und auf der rechten Seite steht unser Computer. Wenden wir uns nun erst einmal den bekannten Tatsachen zu.

Am einfachsten betrachten wir uns selbst, um das Leben überhaupt darstellen zu können. Wir haben jetzt ein bestimmtes Alter und haben auch schon im Leben einiges an Erfahrungen gesammelt. Unser derzeitiger Wissensstand entspricht auch dem des Computers, dem wir uns nun zuwenden wollen. Unser Computer hat einen Bildschirm, auf dem wir die Inhalte des Rechners einsehen können. Grundsätzlich sind Computer nach der Herstellung dumm. Sie können nichts und alle unsere Versuche, auf den Tasten herumzutippen, bewirken gar nichts. Wenn wir nun den Computer öffnen, dann sehen wir eine Stelle, in die etwas eingesteckt werden kann. Es handelt sich um das sogenannte Betriebssystem. In diesen Chip wird etwas eingepflanzt, das genau festlegt, was unser Computer versteht. Dazu haben wir eine Liste, in der genau steht, welche Befehle verwendet werden können. Wenn wir jetzt den Computer wieder einschalten, dann meldet er sich mit einem Bild. Dieses Bild entspricht dem, was man ihm eingepflanzt hat. Auch hat er ein Verständnis bekommen, welches ihn künftig unsere Befehle befolgen läßt. Wenn wir diese Programmsprache kennen, dann können wir ein Programm erstellen, das er später ausführt.

Man nennt diesen Chip das »ROM«. Alle Daten in diesem ROM sind festgelegt, und auch wenn wir den Computer abschalten, bleiben diese Daten darin erhalten. Sie sind fest eingebrannt. Dieses ROM ist also die derzeitige Persönlichkeit des Computers.

Wenn wir nun ein Programm schreiben wollen, welches einen Arm bewegt, dann benötigen wir noch einen anderen Bereich, das »RAM«. Hier werden unsere zusammengefaßten Befehle gespeichert. Der Computer lernt von uns, was er später kann. Schaltet man aber den Computer ab, dann ist dieses Wissen verloren. Wir müssen nach dem Einschalten also wieder alles neu eingeben. Aus diesem Grund hat man eine Art Tonband entwickelt, auf das man die Programme für die Zukunft abspeichern kann. Wir können später, nachdem wir ihn wieder einschalten, diese Informationen wieder in die RAMs einlesen und damit arbeiten.

Wir Menschen gehen mit unseren Daten ähnlich um. Wir haben ein ROM mit den Veranlagungen und Möglichkeiten, die uns ausmachen. Durch Erfahrungen bauen wir ein Programm für unser Leben auf und je besser dieses Erfahrungsprogramm ist, umso besser kommen wir voran. Schon in der jüngsten Kindheit werden durch Umwelt und Erziehung die ersten Verhaltensprogramme erstellt, die übrigens für unser ganzes Leben entscheidend sein werden. Da es sich aber um RAMs handelt, würde auch die Möglichkeit bestehen, unsere Daten zu verändern. Doch leider verstehen die meisten Menschen die eigene Programmsprache nicht, und so sind falsche Programme sehr oft der Grund für »psychische Probleme«. Man sagt: »Ich weiß, was ich falsch mache, aber wie soll ich das ändern.« Auf das Wie kommt es also an. Das kann man nur erlernen, wenn man bereit ist, diese besondere Programmsprache zu erlernen. Wenn wir unseren geistigen Computer abschalten würden, dann wären auch die Erfahrungsinformationen dahin. Solange wir jedoch leben, sind wir »eingeschaltet« und die Daten bleiben erhalten. Nun hat unser menschlicher Computer eine fabelhafte Einrichtung, die die Daten dennoch sichert. Stirbt der Mensch, dann wird automatisch in Kurzform alles was wir »bildlich« erlebt haben, auch auf einer Art Tonband abgespeichert. Der Mensch ist nämlich durch den Tod nicht sofort ohne Energie, sondern durch chemische Prozesse wird eine Energiereserve noch für eine längere Zeit vorhanden sein. Diese reicht aus, um die Daten zu sichern.

Nun hat der Mensch die Möglichkeit, im Gegensatz zum Computer, selbst auf der Tastatur etwas in den geistigen Computer einzugeben. Man muß sich das so vorstellen, als hätte der technische Computer einen Arm, mit dem er selbst nach Lust und Laune seine eigenen Programme schreibt. Wenn wir diesen Computer beobachten, wie er sich beibringt, selbst zu singen, dann bleibt er für uns Betrachter immer noch ein technischer Kasten, der einer Sängerin keinesfalls ähnlich sieht. Man könnte also annehmen, daß der Computer gerade in einer Einbildung lebt und sich auch so fühlt. Glücklicherweise gibt es diesen Computer noch nicht, denn dann wäre es an der Zeit zu überlegen, ob man ihn nicht besser schon vor einiger Zeit vernichtet hätte. Das unterscheidet ihn auch von uns, denn wir haben diese Möglichkeit, die wir Intelligenz nennen. Wir können also das, wovor wir uns beim Computer fürchten würden.

Gehen wir nun in der Zeit etwas weiter. Auf der linken Seite unseres Tisches liegt ein Mensch, dem wir uns nun zuwenden wollen. Er wird gleich sterben. Wir haben Meßmöglichkeiten, mit denen wir erkennen können, wann er tot ist. Der Tod ist jetzt eingetreten. In diesem Moment beginnt der automatische Speicherprozeß, der seine Daten sichern wird. Natürlich kommt jetzt die Frage, wozu das überhaupt nötig ist, denn er ist ja tot. Es gibt aber einen guten Grund, den wir uns wieder am technischen Computer anschauen wollen. Auch der Computer ist gestorben. Wenn wir ihn einschalten, dann gibt er kein Zeichen mehr. Auch lohnt es sich nicht mehr, viel Geld in ihn hineinzustecken. Er ist alt und von der Weiterentwicklung längst überholt. Wir beschließen also, einen anderen Computer zu kaufen. Wenn wir nun darauf achten, daß es sich um ein Gerät handelt, in dem unser Programm auch verarbeitet werden kann, so werden wir also auf ein identisches System zurückgreifen.

Der neue Computer sieht anders aus und hat auch viel schönere Tasten, aber die Funktionen sind gleich. Auch der Neue kann nach dem Kauf nichts, aber da fällt uns ein, daß der Chip im alten Computer das verändern könnte. Wir entfernen also aus dem toten Computer dieses Chip und stecken es in unseren neuen Computer hinein. Nach dem Einschalten bemerken wir, daß wieder das vertraute Bild erscheint. Wenn wir jetzt noch das Datenmaterial auf dem Tonband hineinladen, dann können wir da weitermachen, wo wir mit dem alten Computer aufgehört hatten.

So betrachtet, ist es eine recht einfache Angelegenheit, Daten zu übertragen. Doch was geschieht beim Menschen nach dem Tod?

Der Mensch ist gestorben und wir haben den Eindruck, daß damit alles vorbei ist. Geheim und uns verborgen aber geht eine wunderbare Veränderung in dem Toten vor. Menschen, die bereits klinisch tot waren und dann wieder ins Leben zurückgeholt wurden, sagen aus, daß man in diesem Zustand nach dem Tod sehr genau »sehen« kann, was um einen geschieht. Zum Erstaunen vieler Ärzte sagen die beinahe Gestorbenen sogar aus, was bei den Versuchen zur Wiederbelebung gesprochen wurde. Sogar Handgriffe können beschrieben werden. Der Tote nimmt also eine Art Schwingung auf, die ihm die Möglichkeit gibt, zu sehen. Man muß bedenken, daß das geschieht, wenn der Tod technisch bereits eingetreten ist. Man kann hier nicht sagen, daß diese Toten einer Einbildung unterliegen, denn die späteren Aussagen lassen sich genau analysieren. Diese Aussagen sind wahr.

Das stellte sich auch bei den Rückführungen heraus, die ich an über 1000 Versuchspersonen durchführte. Auch sie konnten den Tod und die Zeit danach genau beschreiben. Dabei habe ich es vermieden, den Versuchspersonen irgendwelche Informationen vorab zu geben. Der Vorgang des Sterbens war jedoch in allen Fällen ähnlich beschrieben worden. Das kann kein Zufall sein. Viele dieser Personen haben sich vorher überhaupt nicht für diese Themen interessiert und gingen die Rückführung ohne feste Vorstellungen an. Vielfach kamen auch Personen zu mir, denen von Hellsehern vorausgesagt worden war, wer sie im früheren Leben waren. Obwohl einige versuchten, dieses Bild zu erfüllen, kamen ganz andere Schilderungen dabei heraus. Sogar Versuche, vorher den Versuchspersonen eine Geschichte zu suggerieren, schlugen fehl. Auch eigene Wunschvorstellungen wie: »Ich war bestimmt mal König«, wurden nicht erfüllt. Auch die Befürchtungen, daß hier die Fantasie der Vater des Gedanken sein könnte, bestätigte sich nicht. In vielen Fällen bin ich zwischen verschiedenen Datumsangaben herumgesprungen und habe dabei mit einem Taschenrechner das Ergebnis zusammengefaßt. Nach dem dreißigsten Wechsel der Zeit konnte die Versuchsperson genau das rechnerisch richtige Ergebnis dieses Verwirrspiels angeben. Wer sich etwas ausdenkt, kann solche komplexen Aufgaben nicht lösen, sondern verstrickt sich in seinem Lügengebäude. Ich möchte Ihnen das nur sagen, damit Sie nicht meinen, ich würde hier einer eigenen Einbildung unterliegen.

In unserem Toten ist also ein Film abgelaufen, der ihm die Vorgänge nach dem Tod plastisch aufzeigt. Dann geht er weiter in Richtung »Licht« und »Wärme«. Diese Schilderung ist immer gleich. Nun bleibt die Zeit stehen. Was ist mit ihm geschehen? Ist er jetzt in dem so oft beschriebenen Jenseits?

Erinnern wir uns nochmal an den Computer. Wir hatten das Chip herausgezogen und in den neuen Computer gesteckt. Das bedeutet aber nicht, daß wir dieses Chip nicht auch einfach in eine Schublade legen könnten, um irgendwann den »Übertragungsprozeß« in den neuen Computer vornehmen zu können. Zeit spielt also keine Rolle. Doch bei unserem Menschen ist ein Faktum restlos anders. Unser Betriebssystem ist nicht genau wie ein ROM, sondern eine Mischung aus RAM und ROM. Unser Chip kann nicht unbegrenzt irgendwo liegen, sondern ihm muß nach einer bestimmten Zeit Energie zugeführt werden, sonst sind die Daten verloren. Unser Geist würde sich praktisch selbst aufbrauchen, denn hier handelt es sich nicht um ein Bauteil wie den Chip, sondern um eine hochfrequente Schwingung, die den toten Körper verläßt.

Es erscheint daher auch logisch, daß wir den Geist nicht sehen können, denn Radiowellen sind ja auch nicht sichtbar. Nun werden Sie einwenden, daß man diese Wellen zumindest messen kann. Dazu sollten Sie jedoch wissen, daß unser Radiosender parallel mit den dazugehörigen Meßgeräten entwickelt wurde. In vielen Fällen war das Meßgerät sogar eher da. Beim Geist sehen wir nichts und es wird einleuchten, daß viele Experimente dazu nötig sind, diese Energie zu erkennen.

Nun haben die Energieformen die Angewohnheit, daß sie sich in der Luft fortbewegen können. Doch es ist auch klar, daß solche hochfrequenten Wellen nicht einfach über viele Jahre erhalten bleiben. Diese Wellen verbrauchen sich selbst, könnte man sagen. Wenn sie keinen Empfänger finden, z.B. unser Radio, ist die Aussendung der Information umsonst gewesen. Das ist auch der Grund, warum es unglaublich ist, daß es einen Parkplatz mit dem Namen Jenseits geben sollte.

Die Schilderungen, die ich erhalte, und die Ergebnisse meiner Untersuchungen lassen den Schluß zu, daß der »Geist« innerhalb kurzer Zeit auf einen lebenden Menschen übergeht.

Gehen wir also davon aus, daß der Geist als hochfrequente Schwingung auf einen anderen Menschen übergeht. Man muß sich das so vorstellen, als sei der Tote der Sender und der Lebende der Empfänger für diese Frequenz. Erst nachdem dieser Prozeß abgeschlossen ist, wird die neue Energie, an die der Geist angekoppelt ist, dafür sorgen, daß die Daten erhalten bleiben. Jetzt ist es auch egal, wie lange es dauert, bis der Geist wieder in ein entstehendes Leben findet. Diese Daten werden bei der Zeugung mit als Information in den neuen Menschen eingebracht.

Ich hatte schon angesprochen, daß diese Übertragung des Geistes langsam und auf die ganze Zeit der Schwangerschaft verteilt von der Mutter auf das Kind geschieht. Erst wenn dieser Übertragungsprozeß abgeschlossen ist, wird die Geburt vom Körper durch die Bildung entsprechender Hormone eingeleitet. Dabei ist zu beobachten, daß vielfach ein Kampf zwischen dem Geburtsvorgang und dem Unterbewußtsein entsteht, der teilweise eine Gefahr für das Kind im Mutterleib werden kann. Nicht ohne Grund versucht die Medizin, diesen Vorgang aufzuheben. Es sind schon starke Wehen vorhanden, aber der Muttermund will sich nicht öffnen. Dabei wird leicht übersehen, daß es sich hier nicht nur um eine Verkrampfung handelt, die durch den Schmerz entsteht. Die Geburt eines Kindes ist ein zeitlich sehr eng bemessener Prozeß, bei dem es teilweise um Minuten geht. Greift man in den Geburtsprozeß ein, besteht die Gefahr, daß das Kind zwar keinen körperlichen, aber einen geistigen Schaden nimmt.

Nach einiger Zeit geht alles viel leichter. Die Hemmung wird gelöst, und die Geburt beginnt. Man muß hier noch anmerken, daß die Geburt des ersten Kindes grundsätzlich etwas erschwert ist. Auch spielt der anatomische Faktor eine Rolle, aber das rechtfertigt nicht den grundsätzlichen Eingriff in den Geburtsvorgang. Wenn man bereit ist, nur einzugreifen, wenn wirklich eine Gefahr für die Mutter oder das Kind besteht, dann ist die nötige Ausgeglichenheit gegeben. Wenn aber der Behauptung, das Kind würde sterben, wenn man nicht eingreift, andererseits der Wehenschreiber aber noch vertretbare Werte anzeigt, die Spritze folgt, um den Kreissaal wieder freizuhaben, dann kann man das als kriminell bezeichnen. In manchen Krankenhäusern spielt man mit der Abhängigkeit der werdenden Mutter und macht auch nicht vor Erpressung oder Nötigung halt. Von Körperverletzung ganz zu schweigen. Dabei vergißt man, daß der Mensch Rechte hat, auch der ungeborene. Wie weit unser Gesundheitssystem verdorben ist, kann jeder für sich selbst erfahren. Ein Verfahren wegen eines Kunstfehlers im Kreissaal zu gewinnen, entspricht der Wahrscheinlichkeit, im Lotto sechs Richtige zu bekommen. Die Ärzte haben die besseren Karten, aber nur, weil unser Gesundheitssystem dieser Personengruppe eine undurchdringliche Immunität sichert. Haben die Ärzte, die Richter und Politiker uns in der Hand? Oder fehlt es den besagten Personen an Wissen, um objektiv einschreiten zu können? Der Tablettenberg ist mahnendes Beispiel der Machtlosigkeit gegenüber einer Berufsgruppe, die durch die weiße Kleidung auch das Gute darstellen will. Ohne Ärzte kommen wir nicht aus, aber wer ist zuständig, wenn der Mensch im Arzt überhand nimmt? Vorbei sind die Zeiten, wo der nette Schutzmann an der Straße für uns da war und der Arzt noch Zeit für unsere Probleme hatte. Wirtschaftlichkeit und fatales Kompetenzdenken machen diese guten Seiten der wichtigsten Berufsgruppe kaputt. Der Bürger vermeidet schon den Kontakt, wenn eben möglich, und doch wird er sich auch in die Hände von hoffentlich in dieser Hinsicht altmodischen Könnern begeben müssen. Es gibt viele gute Ärzte, aber diese Berufsgruppe hätte es eigentlich nötig, gegen schwarze Schafe in aller Form vorzugehen. Das aber geschieht nicht, wie Tausende von Opfern von Rechthaberei und Unzulänglichkeit beweisen.

Gehen wir davon aus, daß wir Glück mit der Geburt eines Kindes hatten. Jetzt stellen sich schon die ersten Probleme ein. Wie soll man mit dem Kind umgehen? Handelt es sich nur um ein Lebewesen ohne jegliches eigenes Wissen, oder ist die Entwicklung gar vorbestimmt?

Natürlich bedeutet das Wiedergeborenwerden, daß auch die Inhalte der vergangenen Leben vorhanden sind. Doch zu sagen, der neue Mensch wird sich unabänderlich zu dem Vorbestimmten entwickeln, ist falsch. Auch wenn wir die Summe unserer Erfahrungen sind, so betrifft das hauptsächlich die Kreativität, mit der wir unser Leben gestalten. Das bedeutet, daß diese Grundanlage durch Erziehung, oder besser durch das eigene Vorbild in die richtigen Bahnen gelenkt werden sollte. Dabei stellt sich oft heraus, daß der Jugendliche später gerade das sucht, was er nicht erfahren hat. So ist Wohlstand in Kinderhand nicht immer vorteilhaft, sondern führt eher zu einem

Leben, welches dem bisherigen geradezu entgegengesetzt ist.

Die Grundlagen, die wir durch unser eigenes Ich in uns tragen, werden je nach Kindheit genutzt. Eine übertriebene Bindung zur Mutter kann zu Lebensproblemen führen. Das aber ist nie Inhalt unserer Daten gewesen. Man kann sagen, daß die meisten Verhaltensstörungen, die wir an Menschen beobachten, aus den Schuldgefühlen und Gleichgültigkeiten der Erziehung entstehen. Kinder werden in Umgebungen hineingeführt, die diese dann auch später als normal ansehen. Aber noch bevor das Kind den fatalen Irrtum bemerkt, lebt es das Leben, das es als normal kennengelernt hat.

Wie bei allen Dingen gibt es auch die andere Seite der Medaille. Ein Kind kann auch aus dem Irrtum lernen und wird dann zum Verfechter gegen die Lebensweise im Elternhaus. Wirklich ausgeglichene Lebenswege von Menschen zeigen immer auch auf ein gutes Elternhaus hin. Dazu kommt noch die eigene, ausgeprägte Gabe, aus Fehlern schnell zu lernen. Dummheit und Naivität sind Ergebnisse von Erziehung. Darum sei den Menschen, die glauben, daß man allein mit einer Rückführung alle Probleme dieser Welt auslöschen könnte, gesagt, daß viele ihrer Probleme nicht in einer früheren Existenz liegen. Wenn es eine Hauptursache für diese gibt, dann ist es die Kindheit oder die Verkümmerung der uns angeborenen Kreativität. Dabei wird vergessen, daß der Ideenreichtum in uns gerade mit zunehmendem Alter wichtiger für unser Verhalten und die Zukunft wird. Depressivität ist immer auch von mangelnder Kreativität gekennzeichnet.

Hier liegt der Reichtum verborgen, den uns die vergangenen Existenzen in die Hand geben. Wer diese Grundlagen durch falsches Verhalten im Kind zerstört, der braucht sich nicht über die Entwicklung des Sprößlings zu wundern. Alles tun zu dürfen ist ebenso gefährlich wie dauerndes Verbieten. Der Mittelweg ist hier bestimmt der beste. Wir kennen die Regeln auf dieser Welt. Unser Kind muß von uns die Jahre, die es durch den langen Tod nicht selbst erfahren konnte, vermittelt bekommen. Dabei muß die Anschauung der Eltern im Hintergrund bleiben. Denn eine eigene Weltanschauung bildet sich von selbst, auch ohne die dauernde Verdammung von Dingen, die wir nicht ertragen können. Erziehung ist Konditionierung für das ganze Leben. Wer eine negative Erziehung genossen hat, egal ob sie zu hart oder antiautoritär war, wird ermessen können, wie schwer man sich davon trennen kann. Wie eine dumme Angewohnheit schleicht sich die Erziehung täglich wieder an die Oberfläche und wir sind machtlos diesem »Schicksal« ausgeliefert.

Psychologen wissen, wie schwer es ist, jemandem etwas auszureden. Darum fangen Sie an, über das Leben nachzudenken. Machen Sie sich diese Erkenntnis zu eigen, und es wird Ihnen leicht fallen, auf Ihre nächste Existenz zuzugehen. Wir alle werden wieder erzogen. Dabei werden wir ertragen müssen, was sich irgendwelche »Wissenden« wieder für die Erziehung ausgedacht haben. Wenn wir bereit sind, unsere Erziehung als Grundlage für eigene, nicht kopierte Systeme zu nutzen, dann sind wir auf dem richtigen Weg. Auch sollten wir vermeiden, in Extreme zu verfallen. Nur Fanatiker, Trinker und Abartige nehmen in Anspruch, ein Kind zu besitzen. Unter dem Deckmantel, man handle ja nur aus Liebe zum Kind, treibt man es in die Isolation. Null-Bock-Menschen erziehen gar nicht, sondern geben mit der eigenen traurigen Gestalt ein denkbar bedauernswertes Bild ab. Die Mutter mit dem täglichen Spruch, sie würde sich jeden Tag abrackern und keiner dankt es ihr, erpreßt die Kinder zum schlechten Gewissen und gibt ein recht dummes Bild von sich ab. Auf die Frage, warum sie es tut, kommt die blödsinnige Antwort: »Nur für Euch!« Dabei ist es die Unfähigkeit, sich selbst zu lieben und statt dessen den Märtyrer zu spielen. Andere nehmen die Kinder aus Angeberei Sonntag morgen mit in die Kneipe, um die Kleinen als Zeichen der Säufergroßartigkeit vorzuführen. Wenn das Kind dann auch schon Bier trinken kann, sind alle erfreut, als hätte der Kneipenhund einen Korn geschlabbert. Was wir mit dem neuen Leben machen, das geht keinen etwas an. Familie bedeutet für viele Menschen die Sicherheit, daß der Staat wirklich nur eingreift, wenn nichts mehr geht. Immer wieder beobachtet man, wie Kinder dressiert werden, Tante

Gerda ein Liedchen vorträllern zu können. Wenn man das Gesicht des Kindes betrachtet, dann zeigt sich schon das Erkennen der Unsinnigkeit für solche angeblichen Leistungen. Vorzeigen was man hat, endet spätestens dann, wenn die Ergebnisse der Erziehung sichtbar werden.

Wenn man die Angelegenheit so betrachtet, ist die Tatsache, wieder auf diese Welt zu müssen, eher negativ. Schlimm ist dabei auch, daß es kein Jenseits mit Schulen gibt, in denen man etwas dazulernt, wie einige Esoteriker glauben. Die Beweise dagegen liegen täglich vor uns. Die Dummheit mit ihren verschiedenen Spielarten bleibt. Da man sich auch in der Hypnose nicht an Gott oder ähnliches erinnert, hat man nicht einmal das erlebt, was man uns immer verspricht.

Der Beginn des Lebens ist ein recht nüchterner Prozeß. Ohne die Hilfe der Eltern kann unser Lebensweg nicht optimal sein. Wir sind eben wir selbst und das von Anfang an. Schon als Kleinkind zeigen wir unsere Einstellung, auch wenn wir bestimmte Entwicklungen bis zur Reife durchmachen. Wir sind Persönlichkeiten, die mit vielen Erinnerungen zurück ins Leben kommen. Ob dieses Leben nur die Variationen des Elends werden, oder aber ein glückliches Leben, entscheidet sich dann, wenn wir selbst nichts daran ändern können. Die ersten Eindrücke bekommen wir schon vor der Geburt. Erstaunlich, daß dieser vorgeburtliche Eindruck schon recht umfassend ist, was unser Leben angeht. Das Verhältnis zur Mutter ist auf jeden Fall schon nach dem Gefühl vorhanden, wenn wir auf die Welt kommen. Schade, daß uns bei der Geburt immer noch eine Nüchternheit entgegenschlägt, mit viel zu kalten Räumen und der sterilen Abfertigung des Krankenhausalltags. Wie schön wäre es, wenn wirklich Musik und gedämpftes Licht, verbunden mit wohliger Wärme, unseren ersten Tag auf dieser Welt etwas angenehmer machen würden. Man weiß längst, daß das Neugeborene sehr genau die Vorgänge empfindet, aber ich persönlich kenne kein Krankenhaus, welches wirklich darauf eingehen würde. Dabei ist der Aufwand auf keinen Fall zu hoch. Wollen wir hoffen, daß man uns später einmal gebührender empfängt.

Daß diese Eindrücke sehr wichtig sind, zeigen Versuche, bei denen bestimmte Musik vor der Geburt gespielt wurde, die das Kind später wiedererkennt.

Daß es bei uns immer noch Diskussionen gibt, die sich um Abtreibung drehen, ist bei diesen Erkenntnissen nicht zu verstehen. Die Meinung, daß eine Abtreibung bis zu 3 Monaten nach der Zeugung vertretbar sei, zeigt, daß man den Menschen immer noch nicht kennt. Ich habe versucht, gerade die ersten Erinnerungen nach der Zeugung freizulegen und muß feststellen, daß schon 5 Wochen nach der Zeugung erste Daten zu finden sind. Eine Woche später bereits wird der Versuch, mit alten Hausmitteln wie heißes Baden abzutreiben, vom Ungeborenen als Kampf auf Leben und Tod empfunden. Bei diesen Tatsachen muß man darüber nachdenken, ob Bequemlichkeit oder finanzielle Gründe ausreichen, bereits bestehendes Leben zu töten. Der Weg des Geistes in den neuen Körper wird von vielen Menschen als angenehm und voller Freude empfunden. Diese Freude besteht schon kurz nach der Zeugung. Man kann in der Hypnose sehr behutsam die verschiedenen Zeitabschnitte untersuchen und erhält dann Ergebnisse, die das Verstehen um den Menschen erleichtern. Wenn andere Schilderungen aus dem Mutterleib zutreffen und nachgeprüft werden können, dann kann man auch davon ausgehen, daß die Daten kurz nach der Zeugung richtig sind. Erkennt man diese Ergebnisse an, dann muß eine Abtreibung als Wahnsinn erscheinen.

Nach der Zeugung des Menschen wird nach und nach der »Geist« auf das neue Leben übertragen. Das geschieht jetzt nicht mehr auf dem Weg, auf dem der Geist in den Körper des Lebenden hineinschlüpfte. Jetzt werden die Daten über die direkte Verbindung zum Kind, also über die Nabelschnur, übertragen. Fehlgeburten zu erforschen war für mich ein ganz wichtiges Anliegen. In einigen Fällen waren äußere Umstände dafür verantwortlich, aber in vielen Fällen war die Schwangere noch nie mit einem Sterbenden in Verbindung gewesen. Gleiches zeigte sich auch in den Fällen, wo Frauen aus nicht erkennbaren Gründen keine Kinder bekamen. Dort war sogar der Anteil der Frauen, die nie einen Angehörigen durch Tod verloren hatten, über 90% der Befragten. Irgendetwas also ist für das Entstehen mitverantwortlich, das wir bisher noch nicht unter dem Mikroskop beobachten können, was aber mit in die Erbmasse eingebracht wird. Es ist eher hinderlich, daß sich abenteuerliche Geschichten vom Jenseits wie eine Glaubensseuche verbreiten. Jenseits bedeutet nicht irgendwo zwischen den Sternen, sondern irgendwo in uns. Einige Religionen haben diese Vorstellung, aber ich möchte nicht weiter darauf eingehen, weil ich Religion nicht als geeignetes Mittel sehe, die Existenz des Menschen zu erklären. Was der Mensch nicht kennt, wird er dem Glauben opfern, bis das Gegenteil bewiesen ist. Das ist auch der Grund, warum unser christlicher Glaube in unserer wissenschaftlichen Zeit verliert. Einerseits ist das schade, andererseits auch sehr vorteilhaft. Viele Praktiken wie der Scheiterhaufen und das Austreiben des Teufels waren ja Beweis genug für den Fanatismus, der im Glauben steckt. Auch wenn der Christ sich nicht meinen Ergebnissen anschließen darf, so sei er aufgefordert, den Gegenbeweis anzutreten. Aber bitte nicht wieder mit Behauptungen und Augenwischerei, sondern mit Fakten, die uns seit Beginn der Christengeschichte vorenthalten werden. Wunder übrigens können kaum den Beweis liefern, denn jeder brauchbare Fakir kann diese Wunder auch ohne christlichen Glauben überzeugend darbieten.

Unser System ist einfach und genial. Das ist übrigens meistens so bei Dingen, denen Wunder zugeschrieben werden. Wundern kann man sich aber nur über Dinge, die man wegen eines anderen Glaubens nie für möglich gehalten hatte. So ist es auch bei dem einfachen, aber genialen Prozeß der Geistübertragung. Wenn man in diese Richtung, die ich angesprochen habe, weiterforscht, so wird man auch fündig werden. Eines sollte aber allen Menschen klar sein: »Wir werden immer wieder leben!« Noch vor einigen Jahren waren die meisten Menschen der Meinung, der Mensch würde sterben und dann ist Ruhe. Die Logiker hatten hauptsächlich diese Meinung vertreten. Das kann man mit Bestimmtheit als Irrtum bezeichnen. Auf der ganzen Welt untersuchen Menschen dieses Gebiet und immer mehr sind, trotz des Zwiespalts, der durch den christlichen Glauben entsteht, bereit, zu ihrer Meinung zu stehen. Ich glaube, daß noch in meinem Leben der wissenschaftliche Beweis dafür erbracht wird, was Geist ganz genau ist und woraus er besteht. Wir werden ihn messen können. Dieser Zeitpunkt ist nicht mehr weit. Die Frage wird bleiben, was wir aus diesem Wissen machen. Es bedeutet auf jeden Fall, daß wir uns in Zukunft nicht mehr hinter Gott verstecken können und unsere Sünden begehen, weil es halt so ist. Vielmehr werden wir lernen müssen, selbst etwas zu tun, anstatt passiv auf der Erde herumzuliegen. Auch müssen wir lernen, nicht alles der Vorbestimmung zuzuschreiben. Es gibt Einflüsse von Planeten und des Universums, welches uns umgibt. Aber es gibt auch noch den inneren Schweinehund in uns, den es zu überwinden gilt. Die Romantiker dieser Welt werden das nicht einfach hinnehmen wollen, aber warum soll gerade unsere Entstehung weniger nüchtern sein, als das Leben an sich? Warum machen wir uns etwas vor, wenn es um den Menschen geht? Das Tier hat keine Seele, aber der Mensch mit seiner Einbildungsgabe wird von Gott eingeladen oder trifft sich zum Erfahrungsaustausch im Jenseits? Gerade diese Geschichten, was dort alles vorgehen soll, sind ein Zeichen von Selbstüberschätzung. Aber damit nicht genug. Man kann sogar Kontakt mit Verstorbenen aufnehmen und natürlich melden sich nur bekannte Persönlichkeiten, weil die zu Sprechern der Jenseitigen erklärt werden. Welche Schizophrenie treibt Menschen zu der Meinung, daß ein Verstorbener Kontakt zu ihnen unterhält und ihnen die Weisheit per Funksignal aus dem Jenseits überbringt. Glaube ist eine Form von Dummheit, wenn man sich solchen Denkweisen hingibt. Man kann auch mit dem gesunden Menschenverstand glauben. Ich erlebe immer wieder, daß Menschen meinen, man könne einen Menschen in Hypnose schweben lassen. Wie kommen die Menschen auf einen solchen Blödsinn? Dieser Trick ist käuflich und zudem recht kostengünstig. Er gehört zum gleichen Bereich, in dem viele Personen viel Geld verdienen. Wenn erst einmal alles recht mystisch ist und man gut belogen wird, glaubt der Mensch fast alles.

Wir müssen lernen, daß wir nicht mit der Hilfe des Glaubens die Realität verdrängen können. Das bezieht sich ganz besonders auf uns. Der Mensch ist nicht mehr, als er sich einbildet zu sein. Doch in Wirklichkeit ist er noch ganz anders. Eben einfach nur ein Mensch. Darum denken Sie über das, was ich ihnen hier an Wissen anbiete, genau nach.

Es gab immer wieder umwerfende Erkenntnisse, die unsere Denkweise verändert haben. Immer war es für die Menschen gefährlich, das dem Volk klarzumachen. Letztlich hat es sich aber als richtig herausgestellt. Die letzte große Erkenntnis war die Tatsache, daß die Erde rund ist. Dieses Mal geht es nicht um die Erde, sondern um uns. Warten wir ab, wie lange es noch dauert, bis das, was ich hier schreibe, erwiesen ist. Sie wissen ja, daß es vieler Beweise bedarf, bis etwas wirklich anerkannt wird. Ich kann nur hoffen, daß sich nicht nur Esoteriker mit dem Geist beschäftigen, sondern auch namhafte Wissenschaftler in aller Welt. Die Zeit ist vorbei, in der man als Wissenschaftler nur hinter vorgehaltener Hand über solche Dinge sprechen konnte. Jetzt ist die Zeit gekommen, in der eine wichtige Aufgabe vor uns liegt.

Fassen wir die Fakten zusammen:

- Der Mensch stirbt und einige Zeit danach sendet er eine Energie aus, die alle Daten über seine bisherige Lebensgeschichte enthält.
- Diese Energie löst sich vom Körper des Toten und wird über die Luft auf einen lebenden Menschen übertragen.
- Der Geist wird vorzugsweise von jungen Menschen aufgenommen.
- Es ist wahrscheinlich, daß diese Materie Geist auf die Frau übergeht und in deren System zu einem Teil der Erbanlagen in den Eizellen wird.
- Es ist weniger wahrscheinlich, daß die Übertragung auch auf den Mann möglich ist. Ein Beweis ist aber noch nicht erbracht. Da die Samen des Mannes immer wieder neu

produziert werden, ist auch die Information, die dort gespeichert ist, immer variabel. Bei der Frau hingegen liegt das ganze System mit dem Vorrat der Eier für die Zeit der Fruchtbarkeit fest. Dadurch ist auch die Möglichkeit der Speicherung von mehreren Geistübertragungen gegeben.

- Diese Daten werden an das Energiesystem des lebenden Menschen angekoppelt und dadurch spielt jetzt Zeit keine Rolle mehr. Man kann sagen, daß es sich gewissermaßen um einen parasitären Prozeß handelt.
- Fehlgeburten könnten auch durch fehlenden Kontakt mit Verstorbenen entstehen. Kein Geist, kein lebensfähiger Mensch?
- Grundsätzlicher, zu früher Einsatz von Wehenmitteln kann Probleme für das neue Leben bringen. Beispiele gibt es genügend. Ich nehme an, daß durch den zu frühen Einsatz die vollständige Übertragung des Geistes verhindert wird. Wenn aber auch nur ein Bit dieser Daten fehlt, dann ist es nicht der Mensch, der eigentlich entstehen sollte.
- Wird der Übertragungsprozeß des Geistes auf das werdende Leben unterbrochen, gibt es mit großer Wahrscheinlichkeit eine Fehlgeburt.
- Frühgeburten sind voll lebensfähig, weil anzunehmen ist, daß hier der Übertragungsprozeß des Geistes abgeschlossen war.
- Die Geburt wird durch Hormone eingeleitet, die erst entstehen können, wenn der Übertragungsprozeß des Geistes abgeschlossen ist.
- Wenn man nur den körperlichen Aspekt sieht, wäre eine sehr früh eingeleitete Geburt ohne Folgen. Körperlich können wir den Menschen künstlich aufbauen. Fehlt jedoch ein Teil des Geistes, schlagen diese Versuche fehl.
- Entsprechend der Entwicklung des Gehirns des werdenden Menschen wird der Geist dazu parallel übertragen.
- Die Entwicklung des Gehirns ist identisch mit der Information Geist. Kleinste Abweichungen führen zu geistiger Behinderung. Man kann vereinfacht sagen, daß jede Information ihr Fach braucht.

- Die geistigen Möglichkeiten eines Menschen werden vom vorhandenen Datenangebot geprägt.
- Menschen können nur entstehen, wenn andere Menschen sterben.
- Geist ist teilbar, da es sich um eine Dateninformation handelt und nicht um einen festen Körper.
- Die Erfahrungen, die im Geist enthalten sind, prägen nicht so sehr unser Tun, sondern die Kreativität, uns zu entwikkeln. Es gibt keine Vorherbestimmung!
- Erlebnisse aus früheren Leben können auch in einigen Fällen unser jetziges Leben beeinflussen. Darum ist es vorteilhaft, an sich zu arbeiten, um in einem späteren Leben davon zu profitieren.
- Manipulationen an unserer Erbmasse verändern auch unseren Geist. Darum muß man die Entwicklungen auf dem Gebiet der GEN-Manipulation als Angriff auf unser ICH werten und sich dagegen schützen. Jeder sollte selbst prüfen, ob er das, was wir täglich dulden, selbst bei seiner nächsten Geburt erleben will.

Meine Ergebnisse bedeuten für uns alle, jetzt sofort etwas für unser Leben zu ändern. Denken Sie in jeder Minute daran, daß Aufgeben zu nichts führt. Wir alle haben auch schwere Zeiten zu ertragen, aber aufgeben bedeutet, das Leben in seiner schwersten Form ertragen zu müssen.

5

Beispiele aus der Praxis

Nun möchte ich Ihnen einige Beispiele aus meinen etwa 2000 Untersuchungen vorstellen. Ich habe bewußt auf reißerische Berichte verzichtet, denn in den letzten Jahren hat man durch die Publikation spektakulärer Fälle einen falschen Eindruck vermittelt, was die Rückführung in Hypnose angeht.

Ich weiß nicht, warum man erwartet, ein König oder ein bekannter Feldherr gewesen zu sein. Wenn wir unser jetziges Leben betrachten, dann werden wir feststellen, daß die meisten Tage im Leben »normal« sind. Das war auch früher so. Viele meiner gesammelten Berichte beschreiben ein wirklich langweiliges Leben, in dem ein Mensch sich innerhalb eines eng begrenzten Bereiches aufhält. Da hatte manch einer nicht einmal eine Vorstellung davon, was hinter dem nächsten Hügel sein könnte. Bunt gemischt sind die Berichte auf alle Orte dieser Welt verteilt.

Erstaunlich ist, daß Berichte vor dem Jahr 1500 meist immer wieder in der Nähe des Vorlebens abliefen. Damals war die Reisetätigkeit in Ländern wie z.B. England nicht sehr verbreitet. Andere Völker hatten jedoch schon früh begonnen, die Meere zu bereisen und so gibt es aus dem Bereich der Mittelmeerländer und aus dem skandinavischen Raum farbige Schilderungen von Eroberungen in fremden Ländern.

Um 1700 werden dann die Berichte recht bunt gemischt. Berichte aus unserer Zeit sind geprägt von einer Fülle an Informationen. Doch gibt es auch einige Menschen, die in einem kleinen Ort nur die Kirche kennen.

Einen großen Teil der Berichte nehmen die Kriege ein. Es ist erstaunlich, wie viele Menschen im Krieg gefallen sind und welche Schicksale in den Schilderungen wiederzufinden sind. Auch hier wird wieder klar, wie kurz die Friedenszeiten waren. Der Mensch erlebt statistisch gesehen mindestens einmal einen Krieg, wenn man von einer Lebenserwartung von ca. 70 Jahren ausgeht.

Der letzte Weltkrieg ist heute in vielen Jugendlichen verankert. Immer wieder stelle ich fest, daß Daten über Kriegserlebnisse auftauchen. Eigenartigerweise wird diese Zeit bei einer Rückführung gern übersprungen, was man mit einem Verdrängungsprozeß vergleichen könnte.

Lassen Sie mich nun den ersten Fall schildern. Auf Wunsch der jungen Frau habe ich den Namen geändert, der Bericht aber ist absolut originalgetreu wiedergegeben.

Der Fall Birgit B. aus Hamburg

Frau B. kam 1984 zu mir, weil Sie ein Problem hatte, das auch Ärzte bisher nicht lösen konnten. Sie bekam panische Angst, wenn jemand an der Tür klopfte. Schon in ihrer Jugend litt sie unter diesem Problem und wurde von anderen Kindern deshalb gehänselt.

Ihre Mutter versuchte vergeblich herauszufinden, woher die Angst der jungen Frau kommen könnte. Auch Psychologen hatten versucht, den Auslöser für dieses Verhalten zu finden. Alle Faktoren, die man finden konnte, waren nicht überzeugend. Frau B. hatte eine durchschnittliche Kindheit verbracht und ein Erlebnis, das durch das Klopfen eine Angst hätte auslösen können, war nicht bekannt geworden.

Ein Heilpraktiker aus Bremen verwies die Frau an mich, weil er der Meinung war, daß dieses Problem möglicherweise in der Vergangenheit zu finden sein könnte.

Frau B. kam zu mir. Wir führten ein langes Gespräch, und auch ich gewann den Eindruck, daß es sich hier nur um eine tief im Unterbewußtsein vergrabene Angst handeln konnte.

Meine Aufgabe sollte es sein, den Grund in der Vergangenheit zu finden.

Dazu war es zunächst nötig, Frau B. in einen sehr tiefen Zustand der Hypnose zu versetzen. Es sei noch angemerkt, daß der Hypnotisierte am wenigsten von der Hypnose verspürt, denn wir Menschen unterliegen dem Prinzip, immer das für wahr zu halten, was wir als wahr empfinden. Das ist auch der Grund, warum wir an uns ein anormales Verhalten nur sehr schwer erkennen können. Es ist wie immer im Leben nur eine Frage der Betrachtung.

Frau B. war in eine sehr tiefe Hypnose gesunken, und ich begann zunächst, einige Erinnerungen aus ihrer Kindheit »anzufahren«. Dieser Weg ist nötig, damit man das System des Erzählens erlernt. Es ist am Anfang nicht ganz leicht, die Bilder vor dem geistigen Auge festzuhalten und diese auch noch zu beschreiben. Aber das Sprechen ist wichtig, damit die Daten gesichert sind. Alles, was man in der Hypnose sofort erzählt, bringt neue Bilder. Das Grübeln jedoch verschüttet diese Daten sofort wieder.

Auch in einer recht tiefen Hypnose bleibt immer noch ein kleiner Teil an Kritikfähigkeit vorhanden. Bei einer Rückführung aber kommt es nur auf die Daten an, die einem spontan vor dem geistigen Auge erscheinen. Die Analyse kommt später nach der Hypnose.

Immer weiter gingen wir in der Zeit zurück. Frau B. wurde von mir zu dem Moment geführt, als sie geboren wurde. Kurz danach erzählte sie, was für ein Gefühl es war, im Bauch der Mutter zu sein. Einige Zeit danach enden die Erzählungen. Sie schildert, daß alles dunkel und ruhig ist. »Ich habe das Gefühl, als sei ich gar nicht da!«

Dieser Eindruck wird von den meisten Menschen geschildert. Nun beginnt der wichtige Teil. Wir müssen durch die Zeit ohne Erinnerung hindurch und beobachten, ob ein Bild auftaucht. Vielfach ist »Bild« etwas übertrieben, denn zuerst tauchen kleine Gedanken auf, die man nur durch Zufall auch bildlich sieht. Frau B. bewegt die Augen und dreht den Kopf etwas nach links. Ich frage sie, ob sie etwas gesehen habe. »Ich habe ganz kurz einen Schatten gesehen.« Nun beginnen meine Fragen, die diese Informationen im Unterbewußtsein lösen sollen. Auf meine Frage, ob außer dem Schatten noch etwas anderes zu sehen sei, beginnt sie zu erzählen: Es ist dunkel, und Sterne sind am Himmel zu sehen. Es ist ruhig und etwas kühl. Vor ihr ist eine Hecke zu sehen. Dort war auch der Schatten verschwunden. Sie steht auf einem Weg und geht nun an der Hecke entlang. Jetzt wieder dieser Schatten.

Sie hat aber keine Angst, was erstaunlich ist. Immerhin ist sie nach eigenen Angaben allein in der Dunkelheit. Nach kurzer Zeit ist der Schatten neben ihr. Es ist ein Junge von ca. zehn Jahren. Sie kennt den Jungen. Die Menschen im Dorf mögen ihn nicht, und er darf das Dorf nicht betreten. Wer seine Mutter ist, weiß man nicht. Es soll vor einigen Jahren eine Frau gegeben haben, die ein Kind bekam und aus dem Dorf gejagt wurde, weil sie keinen Mann hatte. Möglicherweise handelt es sich hier um das Kind.

Auf meine Frage, wie alt sie denn sei, nennt sie das Alter von 27 Jahren. Sie ist im damaligen Leben eine Frau mit schwarzen Haaren.

Ich bemerke, daß sie über etwas nachdenkt und frage, was sie beschäftigt. Darauf meint sie, daß in ihr ein Gefühl sei, als könnte es sich bei dem Jungen um ihr Kind handeln. Sie hat das Gefühl, als gäbe es eine ganz enge Verbindung zwischen ihr und der Geschichte über die Frau aus dem Dorf. Diesen Hinweis nahm ich zum Anlaß, in der Zeit zurückzugehen. Im Alter von 16 Jahren befindet sie sich im Dorf und ist schwanger.

Die Menschen sehen sie von oben herab an und hassen sie. Auf meine Frage, wer der Vater des Kindes sein könnte, beginnt sie zu weinen. Sie weigert sich, mir darüber mehr zu erzählen. Nach einiger Zeit aber bricht es dann aus ihr heraus. Fünf Männer seien ihr in den Wald nachgelaufen und haben sie dann zu Boden gerissen. Dann hätten sie etwas Furchtbares gemacht. Einer der Männer sei aus dem Ort. Dieser habe ihr gesagt, daß sie ja nichts sagen solle, sonst würde ihr etwas geschehen. Dann sind die Männer lachend weggelaufen.

Ich versuchte nun herauszubekommen, in welchem Jahr sich

das abgespielt hatte. Sie antwortet sofort und nennt das Jahr 1611. Auf die Frage, wie das Dorf heißt, kommt die Antwort ebenso schnell. Der Name: Osterhofen!

Nach einiger Zeit bekommt sie dann das Kind. Sie schildert, daß eine alte Frau bei ihr ist. Dann verzerrt sich ihr Gesicht. Sie leidet unter den Schmerzen, die sie nun wieder deutlich erlebt. Auch versucht sie, zu pressen. Dann nach einigen Minuten weicht die Anstrengung aus ihrem Gesicht und das Kind, ein Junge, ist geboren. Mir erscheint diese Geburt recht einfach und kurz, doch im späteren Gespräch stellt sich heraus, daß das Gefühl für die Geburt plötzlich gekommen sei und dann alles rasend schnell ging.

Die alte Frau kümmert sich noch einige Tage um sie, aber dann ist sie wieder allein und hält das Kind in den Armen. Ratlosigkeit kommt in ihr auf, denn jetzt stellt sich heraus, daß sie in keinem Haus lebt, sondern bei einem Bauern in einem Schuppen schlafen konnte. Doch dieser hatte ihr verboten, mit dem Kind seinen Grund zu betreten.

Sie schildert nun, daß sie das Kind nimmt und aus dem Dorf weggeht. Die Menschen auf der Straße spucken sie an und auch der Mann, der damals dabei war, schreit, sie solle endlich verschwinden.

Sie weint. Tränen laufen über ihr Gesicht und sie erlebt alles genau wie damals 1611. Sie geht in den Wald. Dort kennt sie einen Unterschlupf, der einer Höhle ähnlich sieht. Es wird Nacht und sie hält das Kind in den Armen und friert. Da kommt jemand auf die Höhle zu. Sie erkennt in der Gestalt die alte Frau. Sie hat ihr etwas zu essen gebracht und auch eine alte Decke.

Ich möchte nun wissen, wie ihr Name ist. Darauf antwortet sie: »Maria«. Einen Nachnamen hat sie nicht.

Nach einigen Monaten sieht die Höhle etwas anders aus. Sie hat sich den kleinen Raum schon eingerichtet. Sie sammelt Dinge zu Essen und manchmal hat sie auch Fleisch. Das Kind ist gesund und sie ist glücklich mit ihm. Manchmal geht sie in das Dorf, aber die Menschen hassen sie. Wir gehen etwas weiter in der Zeit und kommen wieder zu dem Moment, wo der Schatten neben ihr ist. Ja, es ist ihr Kind, das da durch das Unterholz läuft.

Nach einiger Zeit sieht sie eine Hütte. Es stellt sich heraus, daß diese Hütte von ihr allein gebaut worden ist. Innen ist eine Feuerstelle und ein großes, selbstgemachtes Bett. Alles ist sehr einfach, aber es läßt sich ganz gut dort leben.

Ich versuche nun, immer weiter durch die Zeit zu gehen, um möglicherweise den Grund für die Angst zu finden. Tatsächlich schildert sie später, daß jemand an die Tür klopft. Das Klopfen ist sehr laut. Sie macht auf und der Mann, der sie damals vergewaltigte, steht mit einer Axt vor der Tür. Er beschimpft sie, im Dorf gesagt zu haben, daß das Kind von ihm sei. Sie beteuert, daß das nicht stimmt, aber er scheint das nicht zu hören. Der Mann kommt in die Hütte, geht zu dem Jungen und erschlägt ihn vor den Augen der Mutter.

Sie schreit und versucht das Beil zu greifen, aber der Mann ist stärker. Er schlägt auf sie ein und sie fühlt nur noch einen dumpfen Schlag am Kopf. Alles dreht sich und sie stürzt zu Boden.

Sie schildert ein eigenartiges Gefühl. »Es ist so, als würde es in meinem Kopf rauschen. Ich drehe mich ganz schnell, und doch kann ich sehen, was weiter geschieht. Ich schaue vom Boden auf.« Und jetzt sieht sie dem Mann in die Augen. Er legt Feuer.

Sie hat keine Angst und lächelt. Mich geht das alles nichts mehr an. Mir geht es jetzt gut. Die Flammen werden immer größer und sie sieht, wie der Mann wegrennt. Sie schaut durch die Flammen hindurch und bemerkt nun, daß sie das Geschehen von oben sieht. Sie sieht noch einmal das Dorf und die kleine Kirche, sieht den Raum, wo sie das Kind bekam und schwebt über die Felder hinweg.

Dann schildert sie, daß sie in die Wolken fliegt. Jetzt taucht sie in eine Wolke ein und sieht ihr Kind mit lachendem Gesicht. Es streckt die Arme aus und beide scheinen sich zu umarmen, als sich die Situation verändert.

»Jetzt ist nur noch Licht zu sehen!« Ich frage, ob sie denn in den Wolken, weit im Himmel sei. Aber nun ist eine Ernüchterung auf dem Gesicht von Frau B. zu erkennen. »Das ist nicht in den Wolken! Es ist direkt bei den Menschen. Das Ganze ist irre. Ich bin nicht da und doch existiere ich. Die Menschen sind wie sonst auch, direkt hier, aber ich habe keine Möglichkeit, mich ihnen verständlich zu machen.«

Mich interessiert natürlich, wo dieser Ort ist. Ich frage deshalb nun auch gezielter nach. Auf die Frage, ob es dort, wo sie ist, so etwas wie ein Jenseits gäbe, lächelt sie und meint, daß manche Menschen meinen, man könne von hier mit den Lebenden Kontakt aufnehmen. Aber das sei einfach nicht möglich. Sie erklärt die Einstellung dieser Menschen so: »Diese Menschen fühlen, daß es etwas nach dem Tod geben muß, aber wie das genau aussieht, können sie sich nicht vorstellen. Natürlich sind wir direkt bei den Menschen, aber ein Kontakt soll nicht sein. Es gibt so etwas wie eine Ruhepause, in der man glücklicherweise nicht gestört wird.« Und doch merkt sie etwas Interessantes an: »Es ist nicht so, als würde ich nicht miterleben, was um mich herum geschieht, aber ich bin nicht direkt beteiligt. Man kann es so beschreiben, als würden sich zwei Menschen streiten, und ich sitze lächelnd und unsichtbar in einem Schaukelstuhl und kenne das alles ganz genau. Ich habe keine Lust einzugreifen und könnte es auch nicht.«

Die Schilderung hat mich natürlich neugierig gemacht, denn wenn der Geist wirklich die Möglichkeit hat, uns zu beobachten, dann ist das doch auch eine Art von Zusammenleben. So könnte es ja auch sein, daß dadurch Probleme entstehen. Doch Frau B. verneint das. Es gibt keine Möglichkeit, direkt über Tonband oder andere Wege Kontakt aufzunehmen. Es gibt nur das Gefühl in uns, das an dieser unbekannten Verbindung teil hat. Die lebenden Menschen werden jedoch nie sagen können, wann diese Verbindung besteht, und wann nicht.

Ich möchte nun in der Zeit etwas weitergehen. Nach einiger Zeit schildert sie dann, sie habe ganz vergessen zu sagen, daß in der ganzen Zeit Licht um sie herum gewesen sei. Dabei sei ihr aufgefallen, daß es, wenn man erst einmal durch das Licht hindurch gegangen sei, keine Möglichkeit mehr gibt, umzukehren.

Jetzt ist in der Ferne ein kleiner schwarzer Punkt zu sehen. Sie schildert, daß dieser Punkt immer größer wird und nach kurzer Zeit beschreibt sie, daß es sich um einen Sog handelt. Es ist ein Tunnel, der sie jetzt in sich hineinzieht und sie kann nur manchmal einige helle Streifen sehen, wie bei einer Spirale. Dann hört der Sog auf. Alles ist still und warm. Erstmals kann sie wieder etwas körperlich fühlen. Es stellt sich heraus, daß sie sich im Bauch ihrer nächsten Mutter befindet, etwa 6 Wochen nach der Zeugung. Auch wenn diese Daten über Zeitpunkte immer etwas mit Vorsicht zu genießen sind, so ist es aber erstaunlich, wie groß sie den Raum beschreibt, in dem sie ist. Demnach muß sie tatsächlich sehr klein sein.

Einige Wochen später kann sie schon genau erzählen, was die Mutter macht und welche Eindrücke auf sie einwirken. Übrigens ist sie jetzt ein Junge.

Sie haben an diesem Fall sehen können, daß es tatsächlich Einflüße in unserem Leben gibt, die wir nicht kennen. Ich habe die Rückführung nach der erneuten Geburt beendet. Für mich und Frau B. war es wichtig, daß wir den Grund für die Angst finden. Frau B. wollte nun erst einmal sehen, ob sich etwas an ihrer Angst verändert. Betreut von ihrem Heilpraktiker, stellte sie schon nach wenigen Stunden fest, daß die Angst verschwunden war. Natürlich tauchte noch manchmal das furchtbare Erlebnis vor ihren Augen auf, aber nach drei Tagen hatte sie so großen Abstand gewonnen, daß sie nicht mehr davon beeinflußt wurde.

Im Laufe der Zeit vergaß sie die Angelegenheit und konnte nun endlich ohne Angst leben. Nicht immer sind Angstzustände aus solchen weit zurückliegenden Erlebnissen entstanden. In den meisten Fällen handelt es sich schon um Dinge, die uns in diesem Leben betreffen. Aber es sei angemerkt, daß die Angst möglicherweise durch unsere Lebensgeschichte verstärkt oder sogar ausgelöst wird. Wir haben täglich eine Welle der Depression zu beobachten, die trotz aller Bemühungen immer größer wird. Hier sollte man einrechnen, daß gerade die Erlebnisse in den beiden Weltkriegen und viele Dinge mehr ein Grund für den Anstieg sein könnten. So gesehen, kann der Versuch, durch eine Rückführung eine Erklärung zu finden, nicht schaden. Überhaupt ist ein Schaden nicht zu erwarten, wenn die Rückführungen von erfahrenen Kräften durchgeführt werden.

Ich möchte Ihnen nun einen ganz anderen Fall aus meiner Praxis schildern.

Der Fall Katarina Jacob

Bestimmt kennen Sie die beliebte Schauspielerin aus Film oder Fernsehen, oder haben sie schon auf der Bühne gesehen. Auch Ellen Schwiers, ihre Mutter, hat großen Erfolg als Schauspielerin.

Viele von Ihnen haben sicher auch den tragischen Verlust der Familie in der Zeitung verfolgt. Der Bruder von Katarina Jacob ist an Krebs gestorben. Alle Versuche, ihn zu retten, halfen nichts. Möglicherweise hat dieser tragische Verlust mit dazu beigetragen, daß Frau Jacob sich zu einer Rückführung bei mir entschlossen hatte.

Kennengelernt hatten wir uns bei der Fernsehsendung »Na sowas«, in der ich 1984 eine junge Frau in einer Live-Übertragung in ein früheres Leben zurückführte. Frau Jacob war damals schon entschlossen, auch eine solche Rückführung zu machen.

Nach einiger Zeit ergab es sich, daß wir beide einen Termin frei hatten, und sie kam zu mir in meine Praxis. Ich möchte noch kurz anmerken, daß auch andere Prominente bei mir eine Rückführung gemacht haben, aber leider ist es nicht immer möglich, darüber zu berichten. In diesem Fall ist über die Rückführung von Frau Jacob schon in unzähligen Zeitungen berichtet worden, weshalb ich Ihnen nun diese Rückführung ohne zusätzliche Sensationen schildern möchte.

Viele von Ihnen haben bestimmt manchmal den Verdacht, daß nicht alles, was in Zeitungen steht, auch der Wahrheit entspricht. Nun, da stimme ich Ihnen teilweise zu. Es ist, um es einmal deutlich zu sagen, nicht immer Schuld der Zeitungen, daß auch mal übertrieben wird, sondern der Drang vieler Prominenter, um jeden Preis ins Gerede zu kommen. Natürlich ist das der schnellste Weg, um im Gespräch zu bleiben, aber ich habe bisher darauf geachtet, daß die Dinge, die über mich geschrieben werden, auch wahr sind. Nur in ganz wenigen Fällen versuchte man, mich zu hintergehen, indem man etwas verdrehte. Im Fall von Frau Jacob hatte eine Frauenzeitung die für ihre Begriffe zu langweilige Geschichte etwas verändert. Dort war dann zu lesen, daß Frau Jacob beinahe auf meiner Liege gestorben sei, wenn nicht ihr Verlobter geistesgegenwärtig eingegriffen hätte.

Es ist klar, daß ich solche Sensationen nicht liebe und es soll egal sein, wer letztlich diese Version in Umlauf brachte. Die Wirklichkeit sah zumindest in dieser Hinsicht ganz anders aus.

Ich nehme natürlich diese Rückführungen auf Tonband auf. So auch den Fall von Frau Jacob.

Das Ergebnis, auch ohne die Geistesgegenwart ihres Verlobten, läßt sich vorzeigen. Frau Jacob lebt noch.

Kommen wir nun zur Schilderung von Frau Jacob. Beginnen wir mit dem Moment, wo erste Bilder aus dem früheren Leben von Frau Jacob auftauchten.

Sie schildert, daß sie sich im Wald befindet. Nach einiger Zeit kommt sie in ein Dorf. Braune Hütten sind zu sehen und auch ein einfacher Brunnen steht auf einem kleinen Platz. Die Erinnerungen stammen aus England. Der kleine Platz ist gepflastert, richtige Straßen gibt es nicht.

Sie selbst wohnt im Wald und schildert, wie ihre einfache Hütte eingerichtet ist. Holzgeschirr, ein einfacher Tisch und eine Schlafstätte sowie einfache Geräte sind zu sehen. Sie selbst hat sich vom Dorf abgekapselt. Die Menschen mögen sie nicht und meiden sie, weil sie andere Augen hat. Die Farbe dieser Augen ist ganz hellgrau. Die Menschen im Ort meinen, daß sie böse Augen hat.

Man hat ihr sogar verboten, etwas im Dorf anzufassen. Später dann stellt sich heraus, daß sie heilen kann. Ihre Hände haben eine starke Kraft. Auch versteht sie es, ganz besondere

Salben zu mischen. Sie schildert die Zusammenstellung eines Mittels gegen Herzbeschwerden so: »Man braucht dazu Misteln, ein blaues Kraut, welches auf der Haut brennt, und das Gift von Kröten.« Die Misteln werden zerstoßen und mit den anderen Zutaten gemischt. Es entsteht eine Salbe, die über dem Herz eingerieben wird. Es entsteht dann eine starke Heilwärme. Die Misteln dürfen aber nur die heiligen Männer pflükken. Kein anderer darf sie berühren. Sie geht in ihrer Arbeit nun voll auf und schildert, wie sie den Menschen hilft und daß man sie nach und nach schätzen gelernt hat. Aber auch die Tatsache, daß sie mit den Jahren immer weniger sehen kann und im Alter von 50 Jahren fast blind ist, verschweigt sie nicht.

Kurz danach beschreibt sie, daß sie sterben muß. Sie wird von den heiligen Männern abgeholt und auf einem Stuhl zu einem großen Stein getragen. Auf diesem Stein wird sie sterben. Die Männer legen sie auf den Stein und gehen. Die Sonne geht unter und sie wird nun die ganze Nacht auf diesem Stein sitzen. Wenn am nächsten Morgen die ersten Sonnenstrahlen ihren Körper treffen, wird sie ihrem Herz befehlen, daß es stehen bleibt. Sie sagt: »Alle, die wie ich zu den Männern gehören und heilen, müssen so sterben. Wenn man es nicht alleine schafft, dann wird einem auch geholfen.«

In diesem Fall aber gelingt es, daß sie allein mit ihren Gedanken das Herz anhält und tatsächlich stirbt.

Kurze Zeit danach schildert sie die Vorgänge nach dem Tod so: »Ich fliege ins Licht und ich fühle mich gut.« Dann ist das Licht da, und sie schwebt hinein. Sie fühlt eine wunderbare Ruhe. Sie kann sogar ihre Gefühle in diesem Zustand beschreiben:

»Wir sind ganz nah bei den Lebenden. Es gibt kein richtiges Jenseits, sondern eine andere Ebene, in der wir sind. Wir können uns aber nicht mit den Lebenden verständigen.«

Auch hier wieder die Schilderung, in einen Tunnel hineingezogen zu werden, schließlich der Stillstand der Bewegung. Frau Jacob befindet sich in der nächsten Existenz im Bauch ihrer Mutter.

Hier hat sie Probleme mit der Enge, denn die Mutter schnürt

sich zu sehr. Dann kommt die Geburt. Sie erlebt alles ganz deutlich. Nun folgt die Schilderung über ein Leben in England, wo sie als Ivonne mit ihrem Bruder zusammenlebt, der gerade einen Matrosenanzug trägt. Ihr Vater, Sir Edward, ist streng aber gerecht und fährt ein schwarzes Auto. Das Anwesen ist in einem großen Park und sie beobachtet, daß man dort Kricket spielt. Auch von ihrem weißen Pony erzählt sie begeistert.

Um diese Daten zu bekommen, arbeiteten wir ca. drei Stunden. Diesen Bericht möchte ich nun schließen und zu einem anderen Fall kommen.

Der Fall Erika L.

Ich möchte Ihnen nun einen Fall schildern, in dem ich mehrere Leben einer Frau untersucht habe. Die Nachforschungen haben die Angaben der Erika L. bestätigt und schon bei der Untersuchung zeigte sich, daß alle Vorgänge aus der damaligen Zeit auch jetzt wieder ganz deutlich wurden.

Frau L. meldete sich bei mir, weil sie eine Serie in einer Zeitschrift über meine Forschungen gelesen hatte. Schon bei der Einleitung der Hypnose stellte ich fest, daß es sich hier um eine besonders gute Versuchsperson handelt. Es wurde schnell eine sehr tiefe Hypnose erreicht und auch der Weg zurück in die Vergangenheit war ganz einfach.

Frau L. begann aus einem Leben zu berichten, in dem sie sehr primitiv und ohne jeden Luxus lebte. Es handelte sich um Menschen, die am ganzen Körper behaart waren und als Kleidung nur Felle benutzten. Gewohnt wurde in Höhlen.

Damals galten die Frauen nicht viel und es handelte sich um eine Männergesellschaft. Sie war in diesem vergangenen Leben eine Frau und war gerade schwanger. Sie beschreibt dann folgende Vorgänge: »Ich bin eine Frau mit hellen Haaren. Die Männer, die gerade auf dem Boden sitzen, beraten irgend etwas. Wir Frauen dürfen nicht dabei sein.« Ich gehe in der Zeit etwas zurück, als sie noch ein Kind war. Sie beschreibt dazu: »Ich bin nackt. Wir sind in einem Tal und unsere Höhlen sind weiter oben am Hang in den Felsen. Ich kann die anderen von uns weiter unten im Tal sehen, aber da darf ich nicht hin. Mädchen sind nicht wichtig für den Stamm. Man kümmert sich auch nicht weiter um mich. Kleider habe ich keine an und ich friere immer.« Ihr Name: »Hura.«

Auf meine Frage, wie denn die Jungen behandelt werden, sagt sie, daß diese alles lernen, was sie später als Mann können müssen. Jagen und auch Kämpfen müssen sie lernen. Sie beschreibt die Waffen so: »Es sind lange Stangen, an denen aus Stein etwas Spitzes mit so einer Art Seil festgemacht ist. Diese Stange ist oben gespalten, und da sitzt dieser Stein drin. Man kann einen Stein spitz machen, wenn man ihn an einem anderen Stein reibt.«

Ich beschließe, wieder zu dem Moment zu gehen, wo sie älter und schwanger ist. Das klappt auch ganz einfach. Sie beschreibt nun, daß sie einen starken Druck im Bauch fühlt. Es ist aber nicht schlimm. Dann sehe ich in ihrem Gesicht, daß sie sich anstrengt. Ich frage, was nun sei. »Ich drücke, damit das Kind kommt!«

Jetzt schildert sie etwas Interessantes. Sie beschreibt, daß sie sich ein Fell geholt hat und es auf den Boden legt. Die Männer und Frauen haben sich von ihr entfernt und sehen aus großem Abstand zu. Sie muß das Kind ganz allein bekommen, das sei eben so. Dann schildert sie, daß sie sich hingehockt hat. Auf meine Frage, warum sie sich nicht einfach hinlegt, meint sie, daß das doch Blödsinn sei, weil das Kind dann nicht herauskommt. Sie hockt also auf dem Boden und wartet.

Man kann nun in ihrem Gesicht kleine Schweißperlen sehen. Schon damals scheint eine Geburt nicht einfach gewesen zu sein. Dann ein Aufschrei und dann verfällt sie in eine Art Glücksgefühl. »Mein Kind ist da!« Sie beschreibt, daß das Kind unter ihr liegt. Sie hat das Gefühl, als müsse sie schnell etwas machen. Sie nimmt das Kind in den Arm und dreht es in alle Richtungen. Dann kniet sie sich hin, legt das Kind vor sich und beißt zu. Ich kann sehen, wie sie den Mund bewegt und mit den Zähnen knirscht. Ich frage, ob sie das Kind gebissen habe, aber sie beginnt zu lachen. »Ich habe nur die

Nabelschnur durchgebissen, denn ich glaube, daß man das machen muß.«

Für mich entsteht die Frage, woher sie das weiß. Daher frage ich sie nun auch, ob man ihr das beigebracht hat oder zumindest davon erzählte. Sie schüttelt den Kopf. »Keiner sagt etwas. Wir sehen alles, was in unserem Stamm gemacht wird, aber keiner sagt etwas dazu.« Sie scheint also nach den gesehenen Erfahrungen zu handeln.

Nun nimmt sie das Kind wieder und dreht es schnell in alle Richtungen. Das Kind schreit, und sie lacht und freut sich. Dann kommen die Frauen angelaufen und tanzen. Erst jetzt beginnt der ganze Stamm Anteil an der Geburt zu nehmen. Dann kommt auch ein Mann ruhigen Schrittes näher, schaut auf das Kind, schüttelt den Kopf, macht eine abweisende Handbewegung und geht wieder. Der Grund ist einfach: »Es ist eben nur ein Mädchen!« Der Mann, der da eben so abwertend auf sein Kind schaute, das war ihr Mann »Goto«.

Sie jedoch scheint glücklich zu sein. Mir fällt auf, daß sie immer mit der Nase schnüffelt. Auf meine Frage, was sie da macht, sagt sie: »Ich rieche mein Kind! Es riecht wunderbar. Jedes Kind riecht anders!« Ich frage erstaunt, woher sie das weiß. »Alle Frauen riechen an dem Kind. Ich habe auch schon an anderen Kindern gerochen, aber die riechen anders. Wir können unsere Kinder sofort am Geruch unterscheiden. Auch die Männer riechen verschieden.«

Weitere Fragen zeigen dann, daß sie ein recht ruhiges Leben verbringt. Es geschieht nichts besonderes, außer, daß Tiere in das Tal kommen und versuchen, sie anzugreifen. Jedoch sind die Männer in der Nähe und vertreiben die Eindringlinge. Einmal seien auch andere Männer in das Dorf gekommen und haben Kinder geraubt. Ihr Kind hatte sie gut versteckt. Es seien auch vier Frauen mitgenommen worden. Überhaupt hatten es die Eindringlinge nur auf Frauen abgesehen. Möglicherweise hatte ein anderer Stamm einen Männerüberschuß. Doch Frau L. klärt mich auf: »Es ist ein Zeichen von Reichtum eines Stammes, wenn er viele Kinder und Frauen hat. Darum versucht man immer, Frauen und Kinder zu rauben. Die Kinder sorgen später für die Alten.«

Ihren Tod schildert sie dann so: Sie ist recht alt, aber nach unserer Zeitrechnung kann sie höchstens 35 Jahre alt sein. Sie liegt in der Höhle und ißt kaum mehr etwas. Man hat die Höhle verdunkelt und jeden Tag schaut jemand nach ihr. Dann schläft sie ein und stirbt. Danach beschreibt sie, daß sie schwebt und das Tal noch einmal sieht, dann wird alles hell.

Sie kann nur wenige Aussagen machen, was diesen Bereich des Lichtes angeht. Nach einiger Zeit jedoch sieht sie einen schwarzen Punkt, der größer wird und dann, nachdem sich alles gedreht hat, befindet sie sich im Bauch der Mutter.

Ich will nun einige Leben überspringen und ihnen noch eine Schilderung aus dem 14. Jahrhundert erzählen. Übrigens ist Frau L. auch, wie eben schon beschrieben, immer wieder durch das Licht gegangen und dann durch diesen schwarzen Tunnel hindurch in den Bauch der Mutter gekommen. Diese Schilderung über den Vorgang Sterben, Jenseits, Leben ist in allen untersuchten Fällen gleich. Nur bei der Beschreibung des Lichtes sind einige Variationen bei der Empfindung entstanden. Manchmal als Licht, in anderen Fällen als Lichtgestalt beschrieben, herrscht jedoch über die Tatsache Einigkeit, daß man in ein Licht hineingeht. Auch die Erzählungen, daß man in, oder besser durch das Licht hindurch muß, sind in allen Fällen gleich. Wer also nicht durch das Licht hindurchgehen kann, der ist nicht von seiner letzten Existenz befreit, sondern ihr noch fest verhaftet.

In diesem Sinne scheint also der wirkliche Tod erst eingetreten zu sein, wenn man das Licht durchschritten hat und in ihm aufgeht.

Das nächste Leben der Erika L.

Erika L. wird nun wieder auf die Welt kommen. Sie kann genau beschreiben, was sie vor der Geburt im Mutterleib fühlt und dann später auch den Moment der Geburt. In diesem Leben ist sie ein Junge.

Man hat noch vor einiger Zeit angenommen, daß der Mensch immer wieder unter dem gleichen Geschlecht geboren wird. Nun haben die Forschungen mir eher andere Erkenntnisse gebracht. Der Mensch wird als Mann, wie auch als Frau geboren. Es ist auch nicht so, daß geistig festgelegt ist, ob man sich als Mann oder wie eine Frau verhält. Hier ist die Erziehung und auch der Einfluß der Hormone entscheidend. Man sollte über diesen Punkt nachdenken, denn es wird gern der Fehler gemacht, den Geschlechtern bestimmte Verhaltensweisen anzudichten. Männer wie auch Frauen haben dieselben Wünsche und Bedürfnisse. Auch die unangenehmen Faktoren sind bei beiden gegeben und nicht nur speziell bei einem Geschlecht. Das ist verständlich, wenn man bei den Forschungen sieht, wie Frauen in früheren Leben Männer waren und wie »Männer« gedacht haben. Teilweise haben sie brutal ihre Frauen gequält. Eine Menge solcher Berichte gibt es auf meinen Tonbändern zu hören.

Erika L. erlebt nun ein Leben, in dem sie ein kleiner Junge ist. Wir haben einen Sprung von der Geburt bis zum sechsten Lebensjahr gemacht und sind unversehens in eine entscheidende Situation hineingesprungen.

Sie schildert folgendes: »Ich bin im Wasser. Rechts sind große Felsen zu sehen und ich fühle mich schwach.« Der Junge, der aus dem Mund von Frau L. diese Begebenheit schildert, hört auf den Namen »Gunhold«. Gunhold ringt nach Luft. Immer wieder taucht er unter und wird von der starken Brandung hin und her gerissen.

Ich gebe an, einen Tag in der Zeit zurückzugehen. Jetzt schildert der kleine Junge, daß Schiffe in der Bucht liegen. Diese Schiffe haben furchtbare Gesichter. Kindern ist es verboten, zum Wasser zu gehen. Gunhold aber nimmt sich am nächsten Tag ein Brett und geht heimlich zum Wasser. Er rudert auf dem Brett liegend aus der Bucht heraus. Er sagt dazu: »Ich bin nicht feige, ich bin stark und habe viel Kraft!«

Doch diese Einschätzung war falsch. Er wird abgetrieben und fühlt jetzt erstmals auch, daß das Wasser sehr kalt ist. Ich bemerke, wie Frau L. am ganzen Körper zittert und leise stöhnt. Ich frage, was sie hat und sie antwortet, daß sie Angst habe, die Strömung sei so stark.

Gunhold beginnt verzweifelt mit den Armen zu rudern, fällt dann ins Wasser und taucht für kurze Zeit unter. Die Kräfte lassen nach. Er versucht, sich an der Oberfläche zu halten, aber die Momente, wo er noch die hohen Felsen und die Brandung sehen kann, werden immer kürzer. Dann verlassen ihn die Kräfte.

Frau L. schreit laut auf. »Hilfe, Hilfe!« Die Menschen dort am Ufer können nichts tun. Dann schildert Gunhold, daß er Wasser schluckt. Es ist salzig. Dann verlassen ihn die letzten Kräfte und ein letztes Mal sind kurz die Felsen in einem Dämmerlicht zu erkennen. Kurz danach ist alles dunkel. Gunhold ist ertrunken.

Ich gebe an, daß wir schnell 2 Wochen in der Zeit zurück gehen. Das klappt auch sofort. Gunhold schildert nun, daß in der Bucht zwei Schiffe liegen. Es werden Fässer und Ballen ausgeladen. Die Gegenstände werden mit kleinen Booten vom großen Schiff, welches zwei Figuren am Bug hat, geholt und dann in der Bucht abgelegt. Das Schiff hat kein Segel, sondern nur ein Mast ist zu sehen.

Wir gehen wieder zu dem Moment, in dem Gunhold ertrinkt. Nachdem alles schon einige Zeit dunkel ist, taucht ein Bild auf. Die Bucht ist von oben zu sehen und auch die Menschen am Ufer sind deutlich zu erkennen. Er sieht seine Mutter, die das Gesicht in ein Tuch vergraben hat und weint. Auch die Schiffe sind zu erkennen. Da, im Wasser treibt das Holzbrett und ein kleines Boot mit Männern kämpft sich durch die hohen Wellen zu der Stelle durch, wo Gunhold ertrunken ist. Noch ehe es klar wird, ob die Männer den Körper des Jungen bergen können, entfernt sich Gunhold immer weiter von diesem Ort. Dann taucht Licht auf. Alles geht ganz schnell und schon steht die Zeit still.

Sie haben gesehen, daß die Erlebnisse im Laufe der Geschichte eines Menschen vielfältig sind. Doch mit dieser Schilderung ist die Erforschung der Leben von Frau L. nicht zu Ende. Wir kommen nun zu einem Leben, welches in erstaunlicher Weise meine Theorie bestätigt.

Der dritte Lebensbericht von Frau L.

Dieser Bericht stammt aus dem Jahre 1776 und spielt sich in England ab. In diesem Leben ist Frau L. ein kleines Mädchen von einem Jahr. Der Name des Mädchens ist »Johanna«. Es spielt sich folgendes ab:

Frau L. beschreibt ihre Mutter so: »Sie ist lieb und hat mich ganz lieb. Wir haben nicht viel, sondern nur das, was gerade zum Leben ausreicht. Meine Mutter hat rote Haare und ganz viele Sommersprossen im Gesicht. Sie hat Angst, daß ich sterbe.« Das kleine Kind hat hohes Fieber und stirbt kurze Zeit danach. In diesem Fall war eine genaue Schilderung der Vorgänge beim Sterben ausgeblieben.

Ich gab nun an, die Zeit Jahr für Jahr verstreichen zu lassen, bis wieder etwas auftaucht. Tatsächlich schildert Frau L. nun wieder ihre Eindrücke. »Ich bin irgendwo, wo es warm und weich ist. Es schaukelt und ich kann manchmal etwas hören.« Einige Zeit danach wird es eng, und dann wird Frau L. wieder geboren.

Ich bat wieder um eine genaue Schilderung. Sie gibt an, ca. ein Jahr alt zu sein und sie könne eine Frau sehen. Ich frage, ob sie die Frau kennt. Sie meint, daß sie die Frau gut kennt, denn die schaut immer so lieb. Dann kommt die genauere Beschreibung. Eine Frau im Alter von ca. 35 Jahren mit roten Haaren und vielen Sommersprossen.

Ich bekam Zweifel, ob wir uns auch wirklich im nächsten Leben befinden. Ich frage sie daher, in welchen Jahr wir jetzt sind. Die Antwort: »1791!«

Es lagen zwischen dieser und der vorherigen Schilderung ganze 15 Jahre. Die Sache begann mich zu interessieren. Wir gingen in der Zeit weiter und im Alter von zwölf Jahren schildert sie, daß sie ein hübscher Junge sei, der auf den Namen Johann hört. Ich versuche durch Fragen herauszufinden, ob es sich hier um einen Irrtum oder Zufall handelt. Aber die Aussage bleibt bestehen. Später stellt sich dann heraus, daß der Name Johann von der Mutter gewählt wurde. Die Mutter hatte wörtlich gesagt: »Du erinnerst mich an ein Mädchen, das Johanna hieß. Darum habe ich dir diesen Namen gegeben.«

Es handelte sich tatsächlich um die selbe Mutter und auch die Umgebung war, wenn auch in einigen Dingen verändert, so doch größtenteils gleich geblieben. Auf meine Frage, ob er früher, vor diesem Leben, schon einmal gelebt habe, schüttelt Frau L. den Kopf und lacht: »So ein Blödsinn!«

Sie sehen, daß es sich lohnt, wenn man viele Stationen in der Geschichte eines Menschen erforscht. In den Fällen, in denen man nur eine kurze Reise in die Vergangenheit macht, bleiben meist die wichtigsten Dinge verborgen.

Meine letzte, ganz kurze Untersuchung einer früheren Existenz soll dieses Kapitel abschließen.

Der Fall Toby

Ich habe vor einigen Jahren die Redaktion der BILD-Zeitung in einer Stadt, die ich nicht weiter benennen möchte, aufgesucht. Ein netter Redakteur hörte sich an, was ich mache und schien Interesse zu zeigen. Dann fragte er mich einfach und ohne Umschweife, ob ich so eine Rückführung auch bei jemand machen würde, den er aussucht. Ich sagte zu.

Mit dem Hinweis, daß man in den nächsten Tagen bei mir vorbeikommen würde und die Sache testen wolle, wollte ich die Redaktion verlassen.

Etwas gab er mir aber noch mit auf den Weg. Der Redakteur sagte wörtlich: »Wenn Sie das schaffen, dann machen wir einen Bericht, wenn es aber nicht klappt, dann zerreißen wir sie in unserer Zeitung.«

Sie werden mir zustimmen, daß die Ausgangsposition nicht die Beste war, aber ich liebte das Risiko und tatsächlich kam es zu dem alles entscheidenden Termin. Der Redakteur und ein Fotograf kamen zum Termin und man machte schon mal Fotos. Ich fragte, wer denn nun für die Hypnose ausgesucht worden sei. Der Redakteur zeigte auf sich. An diesem Tag kam es noch nicht zur Hypnose, aber zwei Tage später sollte es losgehen. Pünktlich kam der Redakteur von BILD und schon kurz danach begann ich mit der Hypnose.

Dieser Fall soll denen zu denken geben, die meinen, bei ihnen ginge das nicht.

Hier nun das Kurzprotokoll der Sitzung. Die Einleitung der Hypnose dauerte ca. eine Minute. Danach Vertiefung des Zustandes ca. drei Minuten. Dann weckte ich den Redakteur. Er schaute sich stirnrunzelnd um und bemerkte dann, daß ihm das nicht ganz geheuer sei. »Haben Sie irgendwas mit mir gemacht?« Ich hatte nicht.

Ich bat nun den Herrn, sich doch auf die Liege zu legen. Der Hauptteil der Rückführung sollte nun beginnen. Ein einfacher Befehl reichte nun und der Redakteur war tief in Hypnose. Es vergingen nun fünf Minuten, in denen ich in der Zeit zurück ging und nach dieser Zeit begann die Schilderung des BILD-Redakteurs: »Es ist verdammt warm.« Er spricht mit einer veränderten Stimme. »Alles Sand und kein Baum.« Er schildert, daß mitten in dieser verdammten Hitze ein Holzhaus steht, in dem er mit seinem Vater lebt. Der Vater hat eine Station für die Postkutsche. Hier werden die Pferde getränkt. Wasser wird durch einen tiefen Brunnen mit einem Eimer nach oben geholt, aber jetzt ist kaum mehr Wasser im Brunnen.

Ich sehe, wie seine Lippen tatsächlich spröde werden. Er fährt sich immer wieder mit der Zunge über die Lippen und stöhnt unter der Hitze. Dann gehen wir etwas weiter in der Zeit. Ich frage nach dem Namen. Er antwortet sofort: »TOBY«. Wir kommen zu seinem zwölften Geburtstag, an dem er auch etwas geschenkt bekommt. Er freut sich riesig über das Geschenk. Er beschreibt es so: »Ich habe ein Huhn geschenkt bekommen. Es gehört nur mir allein.« Ich beschließe, nach einigen weiteren Fakten, die Rückführung zu beenden und die Hypnose aufzulösen.

Er öffnet die Augen, schaut ungläubig durch den Raum.

Seine Augen streifen mein Gesicht und sein erstes Wort ist »WASSER!«

Ich reiche ihm etwas zu trinken. Er ist geschafft, denn er hätte nie gedacht, daß so etwas möglich ist. Auch wenn aus diesem Versuch kein Bericht für BILD entstanden ist, so war es zumindest die schnellste Rückführung, die ich je gemacht habe. Alles zusammen hat ganze 30 Minuten gedauert. Es sage keiner, bei ihm gehe das nicht!

Alle Berichte in diesem Buch können natürlich die eigenen Erlebnisse bei einer solchen Rückführung nicht ersetzen. Glauben Sie bitte nicht, daß jeder Mensch diese Reise in vergangene Existenzen gleich erlebt. Der eine sieht das Geschehen als Außenstehender und kann so mit gewissem Abstand alles recht genau schildern, andere wiederum gehen in der Zeit ganz auf.

Die Hypnose wird bei einer Rückführung unwichtig. Kein Mensch kann hier sicher sagen, wie tief er in Hypnose war. Bitte bedenken Sie auch, daß es letztlich auf das Ergebnis ankommt. Wenn der Mensch die Gabe hätte, ohne Hypnose diese Erinnerungen wiederzufinden, dann brauchten wir keine Hypnose für diesen Bereich der Forschung. Ähnlich einem Traum ist die Zeit auch bei diesen Untersuchungen unwichtig. Ein Mensch verliert das Gefühl für Zeit, wenn sein Bewußtsein zurücktritt. Die Konzentration auf eine Sache läßt die Zeit schnell vergehen. Die Hypnose ist nur Mittel zum Zweck.

Bei der Rückführung ist ein Faktor ganz wichtig. Man muß erreichen, daß unser Unterbewußtsein hellwach und so besonders leistungsfähig ist. Was letztlich wahr in unserem Leben ist, das kann nur unser Glaube bestimmen. Die Meinung, man sei also nicht in Hypnose gewesen, andererseits hat man aber zwei Stunden erzählt, scheint widersprüchlich. Kein »normaler Mensch« würde das tun.

Abschließend sei noch der Hinweis erlaubt, daß Sie die Möglichkeit haben, selbst bei mir eine solche Rückführung vornehmen zu lassen.

6

Vorbereitung auf das nächste Leben

Wir alle tragen eine Verantwortung für das nächste Leben. Darum sollten wir Wege finden, uns darauf vorzubereiten.

Bitte sagen Sie nicht einfach, es gibt kein Leben nach dem Tod. Man kann die Beweise für diese Tatsache nicht einfach verdrängen. Darum haben Sie bitte Verständnis, wenn ich davon ausgehe, daß die Ergebnisse vieler Untersuchungen für mich Beweis genug sind, an diesen Weg unseres Geistes zu glauben.

Wir haben daher eine Verantwortung für uns und auch für die Menschheit überhaupt. Es muß unser Ziel sein, das bestehende System nach Schwachstellen für das Weiterleben abzuklopfen. Dazu gehe ich zuerst auf uns Menschen ein. Sie werden später verstehen, warum ich diese wichtigen Punkte anspreche.

Das wichtigste, was wir noch zu Lebzeiten tun sollten, ist die Veränderung unseres Denkens. Vergessen wir die oberflächlichen Dinge und wenden wir uns dem Wesentlichen zu. Leben bedeutet, eine bestimmte Zeit auf dieser Welt zu verbringen und dann später zu sterben. Es wird Zeit, daß wir die Angst vor dem Sterben verlieren. Der Tod ist ein normaler Vorgang, vor dem man sich nicht zu fürchten braucht. Ich hatte schon gesagt, daß gerade Schmerz und Leid in diesem Stadium zurückgedrängt werden und einer Ruhe weichen. Unser Körper hat einen Schutzmechanismus, der übermäßige Schmerzen dämpft. Leichte Verletzungen werden sogar oft schmerzhafter empfunden als schwere. Unser Unterbewußtsein regelt das

Schmerzempfinden und kann sogar mit Ohnmacht reagieren. Wir können davon ausgehen, daß die Natur auf eine bestimmte Belastungsfähigkeit eingestellt ist und irgendwann dem Schmerz ein Ende macht. So kann man nicht einerseits Befürworter der Sterbehilfe sein und andererseits hoffnungslose Fälle künstlich am Leben erhalten. Natürlich ist es schwer, den richtigen Entschluß zu fassen. Die Ärzte sind bei diesen Entscheidungen immer in einem Zwiespalt. Sicherlich ist es gut, dem Menschen jede nur mögliche Hilfe zukommen zu lassen, aber wo ist die Grenze?

Ich habe in vielen Gesprächen herausgefunden, daß die meisten Menschen mehr Angst haben, mit Gewalt am Leben gelassen zu werden als zu sterben. Bestimmt werden Ärzte das auch in den Krankenhäusern feststellen. Dabei fällt auf, daß man sich als Kranker kaum mehr aussuchen kann, ob man überhaupt behandelt werden will oder lieber in Ruhe sterben möchte. Unser Gesellschaftssystem fordert von den Mitmenschen die Hilfeleistung als Muß. So kann es geschehen, daß man belangt wird, wenn man einem Kranken den Wunsch erfüllt, nicht den Arzt zu rufen. Ich will damit nicht sagen, daß dieses System falsch ist, denn ich handle auch danach, doch genaugenommen wird hier die Entscheidungsfreiheit des Menschen eingeengt. Es ist klar, daß die Frage bleibt, ob der Mensch überhaupt in einer solchen Situation logisch entscheiden kann. Es handelt sich um Grenzfälle des Lebens. Der überwiegende Teil der Menschen jedoch stirbt ganz normal.

Gehen wir also davon aus, daß der Tod etwas Normales und Erträgliches ist. Dabei spielt es keine Rolle, ob Sie zu Lebzeiten ein großer Sünder oder ein vorbildlicher Mensch waren. Auch Mörder der Vergangenheit schildern dieselben Erlebnisse beim Tod. Das soll aber kein Freibrief sein, zukünftig einfach über alle Gesetze hinwegzugehen. Immerhin stellte ich auch fest, daß Menschen, die in einer früheren Existenz einen anderen Menschen ermordet hatten, ganz besonders mitteilungswillig in der Hypnose sind. Es sind die leichten Rückführungen ohne Hemmnisse. Ich kann mir vorstellen, daß eine starke Last auf diesen Menschen liegt, die heraus will. Meist führen sie in der Existenz danach ein recht eigenartiges Leben. Viele der sogenannten Medien haben eine solche Vergangenheit. Die mediale Veranlagung ist eine übersensible Psyche, die über den Weg des Glaubens kompensiert werden soll. Es scheint, als seien diese Menschen immer in einer gewissen Unruhe und Gehetztheit, die bis an die Grenze des Wahnsinns führen kann. Bestimmt kennen Sie einen solchen Menschen. Die Lebenswege zeigen auffallend, daß nichts wirklich geregelt ist und immer selbstverursachte Probleme eine wirkliche Entwicklung verhindern. Das ist bestimmt keine gute Basis für ein Leben.

Übrigens hat sich diese Vermutung bei meinen Untersuchungen recht oft bestätigt. Ich möchte auch die Möglichkeit des Selbstmordes ansprechen. Selbstmord ist überhaupt keine Lösung. Hier wird das Problem später nur größer. Ich habe nur fünf Fälle gehabt, in denen sich Menschen in einem früheren Leben selbst töteten. In den meisten Fällen war das Mittel Gift. Diese Menschen hatten alle eine sehr labile Psyche und waren auch in diesem Leben wieder stark selbstmordgefährdet. Dazu muß man auch anmerken, daß es bisher kaum eine so hohe Selbstmordrate gegeben hat wie in unserer Zeit.

Man geht damit keinesfalls den Problemen auf dieser Welt aus dem Weg. Es lohnt sich, darüber nachzudenken.

Wie kann man sich aber wirklich vervollkommnen? Ich kann nur wiederholen, daß die Bereitschaft, an sich selbst zu arbeiten und zu einer Weisheit zu gelangen, ein recht guter Weg ist. Dazu gehört auch, daß man versteht, was in uns eigentlich vorgeht. Wir sollten lernen, daß unsere Gedanken über unsere Zukunft entscheiden. Es ist bestimmt nicht richtig, immer die anderen Menschen für das eigene Schicksal verantwortlich zu machen. Die Dummheit, zu meinen, daß man die anderen ändern muß, führt zu nichts. Nur die positive Entwicklung in uns kann Früchte tragen. Ändern Sie sich selbst und auch Ihre Zukunft wird sich verändern. Lernen Sie, sich bildlich Ziele zu setzen und halten Sie durch. Glauben Sie in erster Linie an sich. Nur dieser Glaube kann wirklich Berge versetzen. Leisten

Sie etwas, was andere Menschen veranlaßt, auch etwas Positives zu tun. Der Sinn des Lebens liegt in den Idealen, die wir haben. Leider werden es immer weniger. Bauen Sie sich hohe Ziele auf und überstürzen Sie nichts. Dieses Leben reicht aus, um einmal etwas Positives zu erreichen. Gehen Sie einen Weg, diesen aber richtig. Dann werden Sie die Erfüllung finden, von der Sie immer geträumt haben. Leben Sie würdevoll, egal in welcher Lage Sie auch sind. Verkaufen Sie sich nicht aufgrund billiger Versprechen und warten Sie lieber einmal mehr ab, bevor Sie einen Fehler machen, der Sie viel Kraft kostet. Hetzen Sie nicht durch Ihr Leben, sondern genießen Sie jeden Tag. Leider bemerken viele Menschen erst, daß sie leben, wenn der Tod vor der Tür steht.

Vergessen Sie den Neid. Unser tägliches Leben ist von diesem Zeichen der eigenen Unzulänglichkeit gezeichnet. Wer neidisch ist, der stellt sich selbst auf verlorenen Posten. Es zeigt, daß er selbst keine Möglichkeit sieht, ähnliches zu vollbringen. Neid ist ein Zeichen von Schwäche. Erkennen Sie die Leistungen anderer Menschen an und verdammen Sie diese nicht. Lernen Sie daraus und nutzen Sie dieses neue Wissen, auch etwas Großes zu vollbringen. Es gibt keinen Grund, warum man über den Nachbarn herziehen sollte, denn das ist nur ein Ablenkungsmanöver von den eigenen miserablen Zuständen. Wirklich große Menschen sind nicht neidisch und praktizieren eine Verfeinerung des Lebensgefühls. Auch wenn man meint, daß anderen alles in den Schoß fällt, so ist man kaum bereit, deren Probleme zu übernehmen. Gönnen Sie den anderen Menschen ihr Glück und Sie werden selbst glücklich. Wenn Sie wirklicher Christ sind, dann kennen Sie diese Aussagen. Aber wer ist das schon? Man kann aber auch danach leben, wenn man diesen Glauben ablehnt.

Man kann lernen, sein Leben auf Erfolg und Glück umzustellen. Wenn Sie gern wissen möchten, wie, dann können Sie sich an mich wenden. Ich führe regelmäßig Seminare für Ihre Zukunft durch, in denen Sie lernen, Ihren »geistigen Computer« richtig zu behandeln. Sie erlernen die Selbsthypnose und bekommen das nötige Wissen vermittelt, das Ihnen die Möglichkeit gibt, all Ihre Probleme, egal wie sie aussehen, zu lösen.

Was kann man aber jetzt schon tun, um sich auf ein späteres Leben vorzubereiten? Gehen wir davon aus, daß der Mensch eigentlich nur den Moment erlebt, daß Vergangenheit nur wenige Minuten seines Lebens einnimmt und die Zukunft ewig lang erscheint, so ist es wichtig, gerade für den Moment, den man gerade erlebt, etwas Positives zu tun. Wenn man beobachtet, wie viele Menschen die Vergangenheit und Zukunft in Frage stellen, so ist das bedenklich. Wer die Vergangenheit in Frage stellt, muß erkennen, daß er umsonst gelebt hat. Die Vergangenheit zu überdenken bedeutet nicht, unbedingt nur die Fehler sehen zu müssen und darauf ein Gebäude der Ausweglosigkeit aufzubauen. Vielmehr sollten wir verstehen, daß alles, was wir im Leben bisher erlebt haben, nur ein Reifeprozeß ist, der uns für die Zukunft hilft, effektiver vorzugehen.

Vergangenheit bedeutet also, Erkenntnisse für die Zukunft zu gewinnen. Gerade bei diesem Lernprozeß zeigt sich, daß Zeit unfaßbar ist. Eine Erkenntnis oder gar Weisheit ist nicht mal eben auf die Schnelle erlernbar. Es scheint festgelegt, wann ein Mensch die für ihn so wichtige Weisheit erlangt. Bei einigen wird sie dennoch ausbleiben. Man kann das nicht mit dem Hinweis auf das Schicksal abtun.

Vergessen Sie einmal die negativen Dinge der Vergangenheit und seien Sie bereit, alle Fakten für das Positive zu erkennen. Ich will damit nicht sagen, daß Sie die negative Vergangenheit verdrängen sollen, sondern Sie auffordern, das Positive in Ihrem Leben aus der Verbannung zu befreien. Dabei werden Sie feststellen, daß selbst Erlebnisse, die auf den ersten Blick negativ aussahen, jetzt eine wichtige Funktion für unsere Weiterentwicklung bekommen.

Wenn man genau analysiert, dann stellt man fest, daß die persönliche Entwicklung sehr langsam vor sich geht. Das mag viele Gründe haben. Einerseits sind wir in jungen Jahren von der Erziehung geprägt, andererseits sagen wir zu oft, es ist eben so. Gerade sich selbst zu ändern, ist die schwierigste

Aufgabe überhaupt. Man könnte meinen, daß eine gewisse Angst vor dem ungewissen Ausgang dieses Experimentes besteht. Was ist, wenn das neue Konzept nicht die Wünsche, die dahinterstehen, erfüllen kann? Man bekommt das Gefühl, daß dann eine Chance mehr verspielt ist und alles noch auswegloser erscheint. Doch wer sagt, daß es nur diese eine zusätzliche Möglichkeit gab?

Gerade wenn man Vergangenheit analysiert, dann fällt auf, daß sich die Fehler gleichen. Ist das ein Teufelskreis, aus dem man nicht ausbrechen kann? Ist es Vorbestimmung, die uns gefangen hält? Dabei ist es ganz einfach, wenn man bereit ist, die Fehler wirklich zu durchleuchten. Nicht hinnehmen, sondern darauf ein neues Konzept erstellen, bei dem die bisherigen Fehler vermieden werden. Prinzipien sind nötig, um nicht mehr von dem neuen Weg abzuweichen. Die Intelligenz des Menschen ist hier in besonderem Maße angesprochen. Wir haben die Möglichkeit, mit unserem »geistigen Computer« Entscheidendes zu verbessern. Hier könnte der Mensch beweisen, wie groß seine geistige Leistungsfähigkeit ist. Es kommt nicht darauf an, nun unbedingt alles zu erreichen, was man sich erträumt, sondern nach seinen Fähigkeiten zu handeln. Die Selbstanalyse ist schwer und tut weh, ist aber der einzige Weg zur Erkenntnis. Unsere Einbildungskraft ist entscheidend für unsere Zukunft. Was hindert uns daran, uns etwas Besseres einzubilden? Ist es der Stolz oder der falsche Glaube? Hier scheiden sich die Geister. Einige Zeitgenossen meinen, das Leben sei eben vorbestimmt und daher könne man nichts daran ändern. Wie ein roter Faden geht diese Vorbestimmung durch das Leben dieser Menschen. Man kann nicht sagen, daß diese Menschen unrecht haben. Bestimmt gibt es eine Wahrscheinlichkeit für den Weg, den man geht, aber es ist nicht richtig, daß man diese Wahrscheinlichkeit nicht verändern kann. Sie müssen wissen, daß die Informationen, die in Ihrem Unterbewußtsein gespeichert sind, für Ihr Schicksal mitverantwortlich sind. Bei den Untersuchungen in Hypnose über frühere Existenzen zeigt sich, daß die ganze Menschheitsgeschichte in uns als Information verborgen liegt. Unerkannt beeinflußt sie unser Tun und unseren Lebensweg. Das ist auch der Grund, warum es tatsächlich möglich ist, die Zukunft eines Menschen zu ergründen. Man kann mit der Kenntnis der Vergangenheit recht genau sagen, was die Zukunft bringen wird. Menschen, die diese Vorhersagen machen können, sind von einer erstaunlichen Kenntnis des Leben und seiner Variationen und deshalb in der Lage, wahrscheinlich den Nagel auf den Kopf zu treffen. Meist werden dazu bestimmte Rituale oder Hilfmittel benutzt, um eine weitere Bestätigung des Erahnten zu erhalten. So setzen viele dieser Menschen das Pendel für die Voraussage ein. Hier wird letztlich durch motorische Reaktionen die Denkweise und Analyse des Hellsehers bestätigt. Die Hand erhält unmerklich kleine Impulse vom Gehirn, die das Pendel in Bewegung setzen. Verständlicherweise ist hier auch die Denkweise des Hellsehers mitenthalten und seine Voraussage ein Ergebnis seiner Erfahrung mit Menschen, die dem Fragesteller ähnlich sind.

Man kann also tatsächlich mit Erfahrung die Zukunft eines Menschen erkennen. Besonders genau werden diese Aussagen, wenn es sich um Dinge handelt, die man schon selbst erlebte. Hier erscheint ein ganzer Film über den Ausgang des Problems, welches gedeutet werden soll. Wenn bei Problemen oder der falschen Lebensweise eines Menschen keine Hilfe von außen gegeben wird, dann kann man beobachten, daß tatsächlich das Schicksal seinen Lauf nimmt. Erst wenn man in diesen Prozeß durch Anleitung und Erklären eingreift, wird das Schicksal verändert. Das bedeutet, daß man tatsächlich nicht der Vorbestimmung ausgeliefert ist.

Ich erlebe das täglich in meiner Praxis. Menschen haben die Möglichkeit, innerhalb kurzer Zeit die Zukunft positiv zu verändern, und die Vergangenheit erscheint dann als falsches Konzept aufgrund fehlenden Wissens über die Zusammenhänge unseres Geistes. Daß es kein Schicksal in diesem Sinne gibt, zeigt sich ganz besonders bei Schicksalsschlägen. Unfälle geschehen in den meisten Fällen wegen Fehlverhalten und nicht wegen der Unabänderlichkeit des Vorbestimmten. Man hat erforschen können, was zu der hohen Zahl der Unfalltoten auf unseren Straßen führt. Es ist kein Schicksal, wenn man sich betrunken in sein Auto setzt und als Geisterfahrer das Leben anderer Verkehrsteilnehmer aufs Spiel setzt. Für den Betrunkenen ist es ein gewisses Schicksal, weil er bestimmten Denkweisen nachhängt, die irgendwann zu diesen Wahnsinnstaten ausufern. Unsere Polizei ist nicht Kämpfer gegen Schicksal, sondern gegen Unzulänglichkeit. Genauso verhält es sich mit Ihrem Leben. Denken ist die sicherste Methode gegen Schicksal!

Es ist daher unumgänglich, daß Menschen mit Problemen Hilfe von Mitmenschen verlangen. Natürlich spielt das Geld hier eine wichtige Rolle, denn gerade die Armen sind die, welche die Hilfe dringend brauchen. Aber seien wir ehrlich. Gerade diese Gruppe gibt so manche Mark für unsinnige Dinge aus. Vielfach geschieht das, um den Kummer zu verdekken und sich eine heile Welt vorzugaukeln. Dabei wäre das Geld bestimmt besser angelegt, wenn man es in sich selbst investieren würde.

Hier ist übrigens der Neid ein ausgezeichnetes Mittel, um die eigene Hilflosigkeit zu messen. Je neidischer Sie sind, um so wichtiger ist es, daß Sie an sich arbeiten. Jeder Mensch, auf den man neidisch ist, sollte vielmehr Vorbild für unser zukünftiges Tun sein. Er hat erreicht, worauf wir immer gehofft haben. Aber was haben wir getan, um es zu erreichen? Nicht genug! Mit Faulheit und Sprüchen kann man nichts werden. Genau das Wissen um die Schwierigkeiten eines Erfolgs läßt diese Neider versagen. Wenn schon Erfolg und Geld, dann in der Lotterie. Wenn alle Menschen so denken würden, dann würden wir noch heute in Höhlen hausen. Die Menschen, auf die Sie neidisch sind, haben dafür gesorgt, daß es Fortschritt gibt. Sie gehen Risiko ein und der Neider hofft nur auf den Tag, wo der Mutige auf die Klappe fällt. Dann hat der Feigling endlich die Genugtuung, daß er immer gewußt hat, daß das nichts wird. Er bemerkt jedoch nicht, daß andere Menschen längst auch ihn durchschaut haben.

Es nutzt eigenartigerweise nichts, dem Menschen zu sagen, was er falsch macht. Er weiß es ja selbst. Er wird es kaum zugeben, aber unsere Analyse hilft ihm nicht, sondern verstärkt nur die Ausweglosigkeit. Man erzählt ihm nichts Neues, denn seine Probleme kommen daher, daß man ihn in der Erziehung schon immer als Versager erkannt hatte. Der einzige Weg, diesem Menschen zu helfen, besteht darin, als Vorbild aufzuzeigen, was machbar ist. Hier stoßen viele Psychologen und Ärzte an eine persönliche Grenze. Was hat man selbst eigentlich erreicht? Kann das ausreichen, um dem anderen ein Vorbild zu sein? Die besten Psychologen wären Erfolgsmenschen, egal aus welchen Bereich sie kommen. Das ist auch der Grund, warum bei Managerschulungen die Erfolgreichen dieser Welt immer wieder durch das Erzählen ihrer Lebensgeschichte als Vorbild herhalten müssen. Und tatsächlich wird durch diese Taktik eine Verbesserung der Erfolge bei vielen Menschen erreicht. Wenn wir ehrlich sind, gibt es tatsächlich nicht nur einige wenige, die etwas im Leben erreicht haben, sondern eine große Gruppe, die nicht zu übersehen ist. Darüber können auch Fernsehserien wie DALLAS und DENVER nicht hinwegtäuschen, die das Gefühl vermitteln sollen, daß es besser ist, arm und zufrieden zu sein, als reich und mit den Intrigen der Mitmenschen leben zu müssen. In Zeiten, wo Arbeitslosigkeit und Depression die Gehirne der Menschen auffressen, greift man gern zu diesen Mitteln der Verherrlichung der Armut. Wenn man mit erfolgreichen Menschen zusammenkommt, zeigt sich eher das Gegenteil. Eine feinere Lebensart und Ausgeglichenheit kennzeichnen die wirklich Großen. Wenn dann einer der Großen stirbt, sagt man schnell, er habe jetzt auch nichts mehr von seinem Geld. Die Frage aber bleibt, was der Arme haben wird, wenn er stirbt.

Sie sehen, daß Vorbereitung auf ein nächstes Leben nicht verschwendete Mühe ist, denn man erlebt vieles davon noch in diesem Leben. Freude und Freiheit sind wunderbare Gefühle. Reichtum und Glück sind erstrebenswert. Nur wer das Leben passiv an sich vorbeigehen läßt, kann Angst vor dem Tod haben. Das kann keine gute Vorbereitung auf ein späteres Leben sein. Es entsteht die Frage, ob das nächste Leben wieder ähnlich verlaufen wird.

Bei meinen Untersuchungen zeigte sich, daß es schon Unterschiede gibt. Wenn man in diesem Leben wenig Geld hat, so ist es nicht ausgeschlossen, daß man im nächsten Leben zu den Reichen gehört. Wirklicher Reichtum wird es aber nur sein, wenn man es versteht, ihn zu genießen. Die Denkweise wird die Entscheidung bringen, ob Reichtum wirklich glücklich macht. Und gerade in diesem Punkt zeigt sich immer wieder eine Parallele zum Vorleben. Unser Gefühl für das Leben ist erstaunlicherweise dem früheren Leben sehr ähnlich. So wird es einem Menschen leicht fallen, in der nächsten Existenz seinen Reichtum zu genießen, wenn er schon jetzt auch in Armut glücklich sein konnte. Unzufriedenheit ist nicht vom Vermögen abhängig, sondern von der Lebenseinstellung. Darum ist ein Umdenken schon jetzt eine gute Basis für die Zukunft.

Wir müssen uns also damit abfinden, daß unsere Gedanken letztlich für unser Leben das einzig Entscheidende sind. Nichts ist billiger, als anders zu denken. Menschen, die versucht haben, mit Reichtum allein ein besseres Gefühl für das Leben zu bekommen, sind immer gescheitert. Darum sagen Sie bitte nicht: »Wenn ich genügend Geld hätte, dann würde ich schon anders denken.« Das ist ein verhängnisvoller Irrtum. Die Grundlage für Reichtum und Glück ist das Gefühl und die Gedanken in uns. Ohne diese Grundlage stellt sich der vollkommene Erfolg nicht ein. Leider lernt man nichts in der Schule über diese wichtigen Dinge und man kann nur hoffen, daß Lehrer endlich anfangen, durch ihre Lebens- und Denkweise als Vorbild etwas Entscheidendes auf dieser Welt zu verändern. Bisher ist es eher so, als sei eine große Zahl dieser Vorbilder eine umfangreiche Sammlung von Komplexen und Unzulänglichkeiten. Daß in vielen Bereichen diese wichtigen Erkenntnisse nicht genutzt werden, zeigt uns der Zustand der Volksmehrheit. Selbst die Jugend ist vom Aufgeben gezeichnet.

Selbstmord ist für viele Menschen der letzte Ausweg. Aber gerade diesen Menschen sei gesagt, daß mit der Entscheidung, aus dem Leben zu treten, nichts verändert wird. Seien Sie sich bewußt, daß es ein Weiterleben gibt. Sie werden also nach kurzer Zeit bereits wieder leben und nehmen durch Ihr Aufgeben ein denkbar schlechtes Kapital mit in den Tod. Egal, wie man dieses Problem sieht, der Selbstmord ist ein Akt der Feigheit, zu dem viel Mut gehört. Leider hört mit dieser Entscheidung das Leben nicht auf. Auch bekommt man im »Jenseits« keinerlei positive Eingebungen für das nächste Leben, denn die Zeit wird stillstehen bis zur Wiedergeburt. Leben bedeutet Mut. Für nichts brauchen wir mehr Mut, als mit unserem Leben fertig zu werden. Erleichtert wird die Entscheidung für das Leben durch eine unbewußte Einrichtung in unserem Geist, die meist ein bewußtes Ausscheiden aus dem Leben verhindert. Auch wenn man es nicht zugeben will, so gab es im Leben eines jeden Menschen den Moment, indem man lieber gestorben wäre. Keiner ist sicher vor dem Selbstmord, denn die Gedanken in uns lassen uns manches Mal an die Grenze zum Todeswunsch kommen. Nur der innere Drang, doch weiterzumachen, verhindert das, was wir bei unseren Mitmenschen nicht verstehen können. Keiner kann sich erklären, warum die junge Frau aus dem 20. Stock gesprungen ist. Sie war immer freundlich und sah gar nicht so aus, als würde sie sich umbringen. Die Menschen, die mit Selbstmord drohen, tun es nur selten. Wer nichts sagt, ist der Selbstmörder. Er hatte vorher viele Zeichen gegeben, aber keiner wollte diese Zeichen sehen. Es sind Menschen, die nicht einfach sagen können: »Bitte hilf mir.« Gewissermaßen spielt hier eine Portion Stolz mit. Vergessen Sie Ihren Stolz, wenn es um Ihr Leben geht. Man kann Sie nur verstehen, wenn Sie sich an Menschen wenden, die Sie auch verstehen wollen. Sterben, um allem ein Ende zu machen, ist ein Fehler, für den Sie in Ihrem nächsten Leben bezahlen werden.

In diesen Bereich spielt auch die Sterbehilfe hinein. Ich glaube, daß man nur beurteilen kann, was Leid bedeutet, wenn man täglich mit Menschen zusammen ist, die zum Tode verurteilt sind. Von der Krankheit gezeichnet und ohne jede Aussicht, wieder leben zu können. Sie werden vom Schmerz zerfressen und wünschen sich nichts mehr als den Tod. Tod auf Verlangen bedeutet, daß wir einem bewußten Wunsch entgegenkommen, ohne zu wissen, was letztlich wirklich den Ausschlag für die Entscheidung des Kranken gibt. Der Arzt kennt das Phänomen, wenn sich Menschen aufgeben und eine mögliche Heilung durch dieses Aufgeben vereiteln. Ebenso ist es aber auch möglich, daß Menschen dahinsiechen, obwohl ein Aufgeben angebrachter wäre. Wer oder was steuert in uns diese Vorgänge? Ist es gerechtfertigt, wirklich Hand anzulegen und einen Menschen auf seinen Wunsch zu töten? Wenn das eine recht ist, wäre es dann nicht auch billig, die hungernden Kinder, die in der dritten Welt qualvoll den Hungertod sterben, zu erschießen? Leiden gehört nicht in eine Gesellschaft der Medizin. Leben oder Tod? Ist nicht bei einem solchen Vorgehen die Grenze überschritten, die den Arzt zum Gott erhebt? Ich meine, daß wir dem Menschen dasselbe zumuten müssen, was auch das Tier ertragen muß. Es verträgt sich nicht, daß man Menschen, egal an was sie leiden, den Wunsch zu sterben erfüllt, und dem Tier in grausamen Versuchen diesen Hilfeschrei nicht abnimmt. Wenn wir unsere Versuchstiere verstehen wollten, dann würden wir immer wieder den Schrei nach dem Tod hören. Was ist dann mit dem psychisch Kranken, der lieber aus dem Fenster springen möchte? Wie zurechnungsfähig ist jemand, der leidet? Auch sollte man sich die Frage stellen, warum die Frau, der Prof. Hacketal zum Tode verhalf, nicht Selbstmord verübt hat? Wie man bei der Filmaufzeichnung sehen konnte, war sie aufgrund ihrer körperlichen Verfassung dazu bestimmt in der Lage.

Ich neige dazu, Sterbehilfe eher abzulehnen. Andererseits sollte man auch auf die künstliche Erhaltung des Lebens verzichten. Ich meine, daß es irgendwo eine Grenze gibt, die man erkennen muß. Es kann und darf nicht in der Macht des Arztes liegen, dem Wunsch eines Patienten, getötet zu werden, nachzukommen. Einige Naturvölker halten es da ganz anders. Die Menschen schaffen es, sich durch Selbstaufgabe zu töten, wenn die Zeit gekommen ist. Wer wirklich den festen Wunsch hat, nicht mehr weiterzuleben, wird sich aufgeben und dann auch von den Schmerzen nicht mehr beeinflußt werden. Im Gegensatz zu dem Wunsch, durch die Hand des Arztes zu sterben, sollte man die Forderung, die Medikamente abzusetzen, respektieren. Hier ist es auch wichtig, den Schmerz als Meßfaktor anzuerkennen. Schmerzempfinden ist bei jedem Menschen anders. Und doch gibt es einen Zeitpunkt, wo der Schmerz in den Hintergrund tritt. Nicht der körperliche Schmerz ist real, sondern der geistige. Erst wenn hier die Erträglichkeit überschritten ist, werden unterbewußte Systeme wach, die den Menschen aus seiner Schmerzsituation herausholen. So kann man einen Menschen nur bis zu einem bestimmten Punkt quälen. Irgendwann setzt ein Zustand ein, der einer Ohnmacht gleich ist. Wenn es sich um einen Dauerschmerz handelt, wird der Mensch aus diesem Zustand nicht zurückkehren. Wenn die Medizin nicht mehr helfen kann, dann ist es nicht die logische Folgerung, den Tod auf Verlangen einzuführen. Es ist nicht Sache des Arztes, wieder einen Bereich des Lebens als sein Gebiet zu erklären.

Man kann bestimmt verstehen, daß mancher Arzt mit seiner Aufgabe nicht mehr zurecht kommt. Keine leichte Aufgabe, täglich mit Menschen zusammenzukommen, die nur noch einen Ausweg haben, den Tod. Aber es stellt sich die Frage, wer in diesem Fall mit der Situation nicht klar kommt, der Arzt oder der Patient. Man beobachtet immer wieder, daß Angehörige mehr leiden als der Kranke. Von diesen Einflüssen ist auch der Arzt nicht frei. Er geht nach seinem Gefühl, wenn er sich entschließt, dem Leiden ein Ende zu bereiten. Es muß verhindert werden, daß der Arzt eine ähnliche Stellung einnimmt wie die Götter in Weiß in der Nazi-Zeit. Die gleiche Gefahr, die schon beim Entstehen eines Menschen durch die ärztlichen Versuche erkennbar wird, weitet sich nun auch auf das Ende des Lebens aus. Ganzheitsmedizin um diesen Preis sollte man als normaldenkender Mensch verurteilen. Professor Hackethal wird irgendwann sterben. Aber wir werden ein Erbe hinterlassen bekommen, welches wir noch zu seinen Lebzeiten strikt ablehnen sollten. Hier wird auch ein Denkfehler gemacht, denn nicht der Tod ist das Schmerzliche, sondern das Leben. Fragen Sie Menschen, was es noch alles für Gründe gibt, den Tod zu verlangen. Wo ist der Unterschied zwischen einer krebskranken Frau und einer Frau, die seit 30 Jahren mit rasenden

Kopfschmerzen zu leben hat. Ist das Leben im Rollstuhl nicht auch ein Grund, auf das Leben zu verzichten? Tod auf Verlangen? Ist es soweit, daß die Bitte unserer Mitmenschen, wir sollen ihnen helfen, von uns allen ignoriert wird, aber der Wunsch des Todes erfüllt wird? Wieder ein Irrtum der Menschheit. Wenn Professor Hackethal psychisch mit seiner Arbeit nicht klar kommt, kann er das nicht durch noch so viele Gründe rechtfertigen, sondern sollte überlegen, ob er sich nicht besser zur Ruhe setzt.

Kommen wir wieder zur Vorbereitung auf das kommende Leben. Ich hatte schon angesprochen, daß unser Unterbewußtsein viele Informationen in sich trägt, die uns leiten und auch einen bestimmten Lebensweg vorzeichnen. Man kann sogar darauf schließen, daß die Todeszeit einigermaßen genau vorhersehbar ist. Man kann diese verborgenen Zeichen, die wir aussenden, nicht einfach übersehen. Der Mensch besteht aus einer Schwingung, die den Inhalt des Geistes widerspiegelt. So ist der Selbstmord nicht eine Entscheidung, sondern das Ergebnis unserer inneren Schwingung. Alles in uns wird als Schwingung widergespiegelt. Wir erfüllen mit unserem Verhalten diese Möglichkeiten des Zufalls oder besser, des Schicksals. Ist diese Schwingung negativ, dann wird es Zeit, daß man dem Menschen hilft. Ein wichtiger Faktor ist aber auch die Bereitschaft, daß man sich helfen läßt. Darum seien Sie bereit, wenn Sie Probleme haben, daß man Ihnen hilft, und seien Sie offen, damit man helfen kann. Es sind gute Möglichkeiten, um für das spätere Leben etwas Positives mitzunehmen. Haben Sie bitte keine Angst, die Zeit würde Ihnen davonlaufen, denn gerade wenn man auf etwas warten muß, dann ist Zeit unvorstellbar lang. Der Grund, warum wir nichts positiv in unserem Leben ändern, ist auch hier zu suchen. Lassen sie mich ein Beispiel vortragen.

Gehen wir einmal von einem Menschen aus, der 30 Jahre alt ist. Für ihn ist dieses Alter schon mit einem recht guten Gefühl für Zeit verbunden. Und doch macht man den Fehler anzunehmen, daß tatsächlich 30 Jahre vergangen sind. Genaugenommen teilen sich diese Jahre in Bereiche des unterschiedlichen Zeitgefühls auf.

In den ersten Lebensjahren vergeht Zeit überhaupt nicht. Man kann kein Alter fühlen und ist sich nicht bewußt, daß man mit jedem Jahr, das vergeht, dem Tode näher kommt. Erst im Alter von etwa 18 Jahren kommt langsam ein Gefühl für das Alter. Natürlich entsteht es auch durch wichtige Geburtstage, die uns sagen, daß wir nun vermehrt Verantwortung für unser Leben übernehmen müssen. Mit 25 Jahren wird es dann langsam ernst. Man bemerkt tatsächlich schon, daß man älter wird. Der Blick auf die kommenden Jahre bringt das Gefühl verstärkt, daß unsere Lebenszeit langsam aber sicher schrumpft. Mit 30 Jahren hat man dann endlich das Gefühl, man sei auch wirklich 30 Jahre alt. Doch dieser Eindruck ist nicht ganz richtig. Eigentlich sind uns nur die letzten fünf Jahre etwas schnell vergangen. Wir beziehen nun dieses Vergehen der Zeit auf unsere 30 Jahre und haben gefühlsmäßig erst viel weniger Zeit bewußt wahrgenommen. Wenn man mit diesem Eindruck nun in die Zukunft schaut, so bleibt gar nicht mehr so sehr viel Zeit bis zum Tod.

Lassen Sie uns nun die ersten 25 Lebensjahre abziehen, und wir bekommen ein neues Maß für unsere Lebenszeit. Wir haben nun gefühlsmäßig noch mindestens 10 × 5 Jahre vor uns. Das ist von entscheidender Wichtigkeit, denn so bemerkt man, daß es erst richtig losgeht, wenn man ein wenig von der Weisheit in sich trägt, die das Leben angenehmer machen könnte. Genaugenommen sind es rechnerisch ganze 300 Jahre, die noch vor uns liegen und erst 30 Jahre sind vergangen. Über diese Tatsache sind sich die meisten Menschen nicht bewußt, die schon mit 30 oder 40 Jahren aufgeben. Man stelle sich einmal vor, daß man nun noch zehn Mal so lange leben muß, bis endlich der Tod dem Treiben ein Ende macht. Lohnt es sich da, daß man etwas Neues anfängt und sein Leben neu beginnt? Ich meine ja! Wer sich in seine Ausweglosigkeit flüchtet, hat eine unvorstellbar lange Leidenszeit vor sich. Je eher man also wieder aktiv sein Leben gestaltet, um so angenehmer werden die noch folgenden Jahre. Nichts ist unerträglicher als

Warten. Das Warten auf das Ende ist unvorstellbar lang und lohnt sich auf keinen Fall. Was sollte uns also davon abhalten, schon morgen neue Ziele ins Auge zu fassen?

Leben ist eine Unabänderlichkeit, mit der wir fertig werden müssen. Je mehr Ideen wir haben und je bildlicher wir von unserer Zukunft träumen können, um so einfacher und gewinnbringender ist unsere Lebenszeit angelegt. Diese Erkenntnis ist der eigentliche Schlüssel für das Leben. Diese Einstellung zu finden und danach zu leben, ist die Vorbereitung auf ein späteres Leben, die ich meine.

Keiner wird in dieser Zeit verschont von Schicksalsschlägen, aber das ist auch verständlich, wenn man bedenkt, wie lange ein solches Leben ist. Es sind Prüfungen, die wir bestehen müssen und die uns fester werden lassen, uns der Zukunft zu stellen. Wenn man erlebt, wegen welcher Kleinigkeiten Menschen leiden, dann kann man nur wünschen, daß es wirklich einmal zu einem schweren Schlag kommt, der diese Träumer wachrüttelt. Diese Verbissenheit, mit der viele Menschen an ihrem angeblichen Leid festhalten, ist keine große Leistung. Jeder von uns erlebt irgendwann im Alter zwischen 30 und 50 Jahren eine entscheidende Veränderung der Psyche. Meist ist es die Quittung für falsche Gedanken und verkehrtes Leben. Dann bricht die Welt zusammen und wir bemerken, daß wir verdammt klein und unwichtig sind. Vielfach ereilt uns erstmals Todesangst in Form eines Zusammenbruchs, von dem wir uns nur schwer wieder erholen. Übrigens ist heute diese Möglichkeit schon bei 16-25jährigen gegeben.

Dann greift die segensreiche Medizin ein und mit Tabletten und Spritzen wird Puder über die noch frische Wunde unserer Psyche gestreut. Nach einiger Zeit bessert sich der Zustand etwas und die regelmäßige Einnahme der Pillen macht das Leben wieder erträglich. Doch dieser Weg verlangt einen hohen Preis von dem Menschen. Nach einigen, ja in manchen Fällen auch über 20 Jahren erfolgt dann der große Knall. Die Depression ist stärker denn je und man mag nicht mehr mit Tabletten leben. Jetzt beginnt der problematische Teil dieser Horrorgeschichte. Man versucht, seine Psyche wieder instand zu setzen, und muß obendrein noch einen Tablettenentzug über sich ergehen lassen, der nach ca. vier Monaten der Absetzung voll zum Ausbruch kommt. Ein Jahr des Leidens und der Angst ist schon vergangen und nur ganz langsam zeigt sich eine Besserung. Viele Menschen greifen dann wieder zur Tablette, um wenigstens einigermaßen leben zu können. Wohl dem, der es schafft, aus diesem Teufelskreis auszubrechen.

Dabei gäbe es einen Weg, ohne diese Glücksbringer in Tablettenform das Problem zu besiegen: Psychologische Hilfe, ohne Tablette. Angst vor dem gefürchteten Herzinfarkt oder andere Ängste können nicht mit Tabletten ausgelöscht werden. Hören Sie auf, für jedes Problem eine Pille zu nehmen. Vor über 100 Jahren hat man schon erkannt, daß es noch mehr gibt als den Körper. Es wird aber wohl noch 500 Jahre dauern, bis sich das herumgesprochen hat. Pillen können keinen Ersatz für Gesundheit darstellen. Gesundheit resultiert gerade bei psychischen Problemen aus den Gedanken, die uns positiv in eine lebenswerte Zukunft führen. Wir regen uns über die Verschmutzung unserer Umwelt auf und verseuchen unseren Körper mit Tablettenmassen, die jedes Jahr eine Großstadt unter sich begraben könnten. Umweltschutz beginnt in uns. Wie unsere Umwelt, sind auch wir der Spiegel unserer Gedanken und unseres Handelns. Dieses Erbe der Chemie sollten wir nicht in das nächste Leben mitnehmen.

Leben zu lernen bedeutet, über die ganze Situation in und um uns nachzudenken. Menschen, die hier als Vorbild vorangehen, werden von der großen Masse als Ökospinner ausgelacht. Man muß nicht in allen Punkten mit diesen Menschen übereinstimmen, aber wenn es um Sie persönlich geht, dann ist Denken angebracht. Sie sind als Mensch eine geschlossene Einheit, die eine Möglichkeit finden sollte, wenigstens in sich eine gewisse Sauberkeit durchsetzen zu können. Das dauernde Gerede, welche Umweltgifte zu Krebs führen können, lenkt doch davon ab, daß Tonnen von Medikamenten bisweilen viel mehr Schaden anrichten als wir vermuten. Frei nach dem Motto: »Leute eßt mehr Scheiße, Millionen von Fliegen können sich nicht irren.«

Dabei gibt es Beweise genug, daß gerade die Masse irrt. Unsere Geschichte sollte das lehren.

Deshalb sollten Sie sich mehr auf Ihren Instinkt verlassen und danach handeln. In Ihrem nächsten Leben wird man wieder ein neues System der Kindererziehung entwickelt haben und auch das immer noch gleiche Waschmittel wäscht so weiß, daß Sie Ihre Wäsche nicht mehr sehen können. Kliniken werden das ewige Leben versprechen und immer noch meldet sich Elvis aus dem Jenseits. Ich möchte Sie eindringlich davor warnen, den Bazillus der Dummheit in das nächste Leben zu verschleppen. Denken Sie nach. Es ist eigentlich ganz einfach, glücklich zu leben. Man muß eben glücklich sein. Lassen Sie sich keine Angst machen, wenn wieder Schlagzeilen von verstümmelten Leichen künden, oder wenn alle Jahre wieder die Welt untergehen soll. Was haben Sie zu verlieren? Doch höchstens Ihr Leben und das geht auf jeden Fall zu Ende. Aber bis es so weit ist, tragen Sie dafür die Verantwortung. Machen Sie das Beste daraus.

Sie sehen, daß die Vorbereitung auf ein späteres Leben Ihrer jetzigen Existenz nur zugute kommen kann. Sie gewinnen also gleich zweimal und es kostet Sie keinen Pfennig, sondern nur die Überwindung, endlich anzufangen. Wenn Sie meinen, daß Sie es nicht allein schaffen, dann sollten Sie sich helfen lassen. Beginnen sollten Sie auf jeden Fall noch heute, denn jeden Tag, den Sie warten, haben Sie umsonst gelebt.

Als Vorbereitung auf das nächste Leben gilt auch die Vorbereitung auf den eigenen Tod. Wenn meine Annahme richtig ist, daß der Geist des Verstorbenen auf einen anwesenden jungen Menschen übergeht, dann kann man vielleicht in diesem Leben noch Einfluß darauf nehmen, welche Eltern man im nächsten Leben bekommt.

Bis zu diesem Jahrhundert war es normal, daß Menschen, wann immer es eben möglich war, im Kreis ihrer Verwandten und Freunde starben. Bis zur Beerdigung hielt man Wache beim Toten. Bei der Beerdigung selbst versammelte man sich damals und heute um den Sarg, man verabschiedet sich von dem Toten und läßt die körperlichen Reste im Grab versinken.

Wenn man sich heute umsieht, dann stellt man fest, daß sehr viele Menschen einsam sterben, sei es zu Hause, oder aber – was häufiger vorkommt – im Krankenhaus. Sie sollten genau überlegen, von welchen Menschen Sie bei Ihrem Tod umgeben sein wollen. Möglicherweise stehen Ihre zukünftigen Eltern an Ihrem Sterbebett. Aber bleiben wir in diesem Leben.

In unserer Zeit haben wir viele Probleme zu verarbeiten. Im Vergleich mit früheren Generationen sind wir täglich einer Flut von Informationen ausgesetzt und schaffen es kaum, diese vielen Dinge zu verkraften. Bestimmt ist das ein Grund, warum wir ein Ansteigen der psychischen Probleme beobachten können. Wenn man für ein normales Leben 80 Jahre ansetzt, dann stimmt das nur für das Leben des Körpers. In dieser Zeit haben wir jedoch Informationen in uns aufgenommen, die vor 500 Jahren eine Lebenserfahrung von ca. 300 Jahren bedeutet hätte. Wir nehmen also sehr viele Informationen auf und wissen teilweise nicht, wie wir diese zuordnen sollen. Dabei kommen komischerweise gerade die negativen Dinge besonders gut bei uns an. Es ist unerläßlich, sofort zu entscheiden, welche Dinge überhaupt wichtig für uns sind. Das ist auch der Grund, warum viele Menschen den Fernseher nur ganz selten anschalten oder Zeitungen nur nach dem Anzeigenteil durchforsten. Wir machen den Fehler, besonders die Informationen zu verschlingen, die unser Problem rechtfertigen könnten. Wirklich positive Informationen gibt es nur selten in unseren Medien. Grausamkeit zählt mehr. In sozialistischen Ländern wird wenigstens noch die Leistung der Arbeiter herausgestellt, auch wenn man damit einen bestimmten Zweck verfolgt. Dabei geschehen täglich bei uns Heldentaten und Hilfeleistungen, von denen wir in der Presse nichts lesen können. Was normal ist, zählt nicht. Bedenken Sie, daß Sensationen immer nur Minderheiten darstellen und nicht die breite Masse. Wenn ich allein bedenke, was Zeitungen schon über mich geschrieben haben, dann können Sie mich überhaupt nicht kennen. Alles zu glauben, ist auch eine gewisse Form von Dummheit. Aber wer kann schon sagen, was stimmt oder erfunden ist? Stars müssen damit leben und wundern sich schon nicht mehr über den Blödsinn, den man über sie schreibt. Einem selbst tut das auch gar nicht sonderlich weh, denn man hat freiwillig den Weg in die Öffentlichkeit gewählt. Doch die vielen Menschen, die Geld für erfundene »wahre Geschichten« auf Papier ausgeben, sind die Betrogenen. Ich bin deshalb froh, daß ich über mein Buch direkt zu Ihnen sprechen kann. Denken Sie immer daran, daß es keine Sensationen gibt. Alles, was auf dieser Erde geschieht, ist im Rahmen des Möglichen. Sensationen verurteilen, sie fragen nicht nach dem Grund. Je gewaltiger die Schlagzeile, um so mehr muß man herausstellen, was eigentlich nicht dahinter steckt. Riesige Buchstaben in schwarz oder rot schreien den Menschen an und verlangen in aggressiver Form, daß sie beachtet werden. Seriös ist das kaum. Sie tun das Gegenteil von dem, was Psychologen versuchen. Schlechte Nachrichten so sachte wie möglich zu verkünden. Negative Schlagzeilen, riesig aufgemacht, sind psychologische Kunstfehler an unserer Menschheit. Lassen Sie sich nicht von diesen Dingen blenden. Miesmacherei kostet unserem Gesundheitssystem jedes Jahr Millionen. Es gehört zu Ihren Aufgaben, sich selbst davor zu schützen.

Man kann nur von Glück sagen, daß uns bei der Wiedergeburt nicht bewußt ist, was im letzten Leben geschah. Viele Menschen, die bei mir etwas über ihr früheres Leben erfahren haben, bestätigen, daß die früheren Leben im Verhältnis zu heute doch recht angenehm waren. Dabei waren die Schicksale bei weitem nicht schön, die manchmal geschildert wurden. Aber man kann davon ausgehen, daß die Menschen tatsächlich das erlebt haben und nicht in Filmen gesehen haben. Wenn wir wiedergeboren werden, wird das anders sein. Man wird bei späteren Rückführungen in dieses Leben dann sehr lange brauchen, um zwischen Selbsterlebtem und dem im Fernsehen Gesehenen zu unterscheiden. Das ist auch der Grund, warum unser späteres Leben nicht nur von unseren eigenen Erfahrungen geprägt ist, sondern zu einem erheblichen Teil auch von Informationen, die uns gar nicht betroffen haben. Man wird feststellen, daß die Depressivität bei den nächsten Generationen noch zunehmen wird. Vor einigen Jahren noch träumte so mancher von einer einsamen Insel. Heute erwartet man auf dieser Insel zumindest einen Animateur, der einem Ideen geben kann, wie man seine Zeit »vertreibt«. Beschäftigung um jeden Preis, um sich nicht mit sich selbst beschäftigen zu müssen. Doch genau das muß bald geschehen, damit die psychische Verfassung der Menschen wieder verbessert wird. Selbst Kinder werden beschäftigt, anstatt ihnen kreative Anleitungen zu geben. Der Fernseher übernimmt die Rolle des Kindermädchens und wenn nichts los ist, gibt es einen Aufstand, oder die Null-Bock-Einstellung muß herhalten.

Wenn auch Sie jetzt beginnen, etwas vom Leben zu verstehen, dann kann es nur noch aufwärts gehen. Viele Menschen lesen gerade in diesem Moment mein Buch. Wenn alle sofort anfangen, dann muß sich etwas verändern. Dieses Kapitel der positiven Einstellung werden wir in das nächste Leben mitnehmen und das ist bestimmt der Anfang für einen weltweiten Erfolg.

Alles in unserem Universum unterliegt dem Werden und Vergehen. Es ist ein Kreislauf ohne Ende, der das Leben an sich repräsentiert. Würden wir meinen, daß mit unserem Tod alles beendet ist, so wären wir die einzigen, die nicht in die Norm des Lebens passen würden. Der Zyklus, mit dem etwas entsteht oder vergeht, ist unterschiedlich, aber er ist gegeben. Dieser Erneuerungsprozeß verhindert das Überaltern. Auch in uns ist ein andauernder Erneuerungsprozeß im Gange, der erst die Basis für unser langes Leben darstellt. Die nächste Größe ist die Erneuerung des ganzen Menschen. Auch die Erde unterliegt dieser Erneuerung, was die Erkenntnisse der Forscher bestätigen. Es wird auch einmal mit unserer Erde zu Ende sein. Danach wird wieder alles neu beginnen. Das erste Leben entsteht und irgendwann wird es eine ähnliche, wenn nicht gar identische Lebensform auf dieser Erde geben. Es ist falsch zu glauben, die Erde sei ein toter Gegenstand, der sich einfach nur dreht. Manche Dinge verändern sich so langsam, daß wir nichts davon bemerken. Aber es handelt sich eigentlich nur um einen anderen Lebensrhythmus als den unseren. Wir sind nicht mehr als Ameisen auf einem rotierenden Steinklumpen mit einer dünnen lebensspendenden Erd- und Sauerstoff-Schicht. Das ist unser geistiger Horizont. Wenn man dann hört, wie wichtig viele Menschen ihr furchtbares Leben nehmen, dann zeigt es unsere Kleingeistigkeit. Deshalb sollten Sie verstehen, daß Sie dem Tod nicht entrinnen können und die Zeit des Lebens dazu nutzen sollten, wirklich zu leben. Auch in unserem nächsten Leben sind wir wieder »nur« auf dieser Erde, die sich bis dahin nur unwesentlich verändert hat, es sei denn, man spielt weiterhin mit Atombomben und bringt sich wegen eines unüberwindlichen Stolzes gegenseitig um.

In diesem Licht erscheint das, was wir auf dieser Erde tun, eher primitiv und den einfachen Lebewesen ebenbürtig. Diese Betrachtung der Erde als Steinkugel mit Zuckerguß eröffnet uns die Perspektive Gottes. Bei der Betrachtung von oben sind wir nicht mehr als Ameisen, die einem Trieb folgen. Nur gibt es das Problem, daß auf dieser Erde kleine Länder abgegrenzt werden. Geheimdienst-Ameisen schleichen sich unerkannt auf fremdes Gebiet und sollen auskundschaften, was beim Nachbarn vorgeht.

Ebenso werden Geräte entwickelt, die es möglich machen, den Andersdenkenden mit Mist zu bewerfen. Wenn man das so von oben betrachtet, kann man sich gar nicht sattsehen. Diese Intelligenz ist erstaunlich. Was da alles entwickelt wird! Gewaltig! Doch keiner kommt darauf, mit dem Spielen aufzuhören. Die Erklärung ist von hier oben ganz einfach: »Die sind so veranlagt.« Es ist der Trieb dieser Tiere, sich gegenseitig möglichst viel Ärger zu machen. Ob die wohl ihre eigene Dummheit erkennen, wenn man sie auf einen Ast setzt und alles von oben betrachten läßt? Oder können sie gar nicht so weit schauen?

Unsere Raumfahrt hat uns nicht viel weiter gebracht, denn man kann von dort oben nicht sehen, was hier unten geschieht. Aber das hat auch einen Vorteil, denn wir selbst werden auch nicht gesehen.

Nachdem wir nun also einen Überblick haben, wollen wir uns wieder hinabbegeben. Natürlich fällt das nicht leicht, aber

Sie sollten in Zukunft über viele Dinge lachen können. Beobachten Sie die Menschen mal als Ameisen. Im Supermarkt werden Sie sich stundenlang ergötzen können. Schauen Sie sich die Gesichter der Menschen an und lauschen Sie, was man erzählt. Seien Sie ehrlich: »Wollen Sie so in das nächste Leben hineingehen?«

Bisher haben Sie die anderen betrachtet. Nun kommen wir zu Ihnen. Was machen Sie für eine Figur? Ist nicht eine gewisse Ähnlichkeit zu erkennen? Meinen Sie, daß Sie so auf Dauer leben können? Immerhin haben Sie einen wichtigen Ausblick gehabt, der Ihnen die Augen öffnete. Stellen Sie sich eine große Ameise vor, die vor dem Spiegel steht. Eine von vielen. Sie hat ein Sommerkleidchen an und einen weißen Hut mit Blumen auf dem Kopf. Sie lächelt und man könnte denken, irgendetwas in ihr ist weise, denn sie konnte von dort oben wirklich sehen, was zu ändern ist. Sie schaltet den Fernseher ein und schaut einen Moment zu. Eine Politikerameise redet und dabei kommen nur Quietschlaute heraus. Man weiß, daß etwas gesagt wird, aber verstehen kann keiner etwas. Das erinnert stark an das von oben Gesehene. Die hübsche Ameise drückt auf den Knopf, der dem Gequietsche ein Ende macht und beschließt, in die Natur zu gehen. Sie kommt an eine Wiese. Sie setzt sich und genießt die Wärme der Sonne. Die bunten Blumen wiegen sich im Wind und sie fühlt, daß das Leben wunderschön ist.

Doch da zerreißt ein Gedanke die Ruhe: »Ich habe vergessen, Lotto zu spielen!« Sie springt auf und rennt in die Stadt. Gerade erreicht sie noch den Lottoladen und bricht danach erschöpft zusammen. Sie wird mit dem Krankenwagen nach Hause gefahren und wartet auf die Ziehung der Lottozahlen. »Eine richtig, zwei richtig und das war's.« Sie beschließt, das nächste Mal nicht auf die Wiese zu gehen, damit sie sich nicht wieder so abstrampeln muß.

Hat sie schon vergessen, was sie vom Ast aus gesehen hatte? Ich habe sie gefragt. Sie sagte mir, daß sie allein ja doch nichts ändern könne und wenn sie gewonnen habe, dann könnte sie so richtig Urlaub auf Mallorca machen. »Wir Ameisen sind eben so.« Ich verabschiede mich und habe noch ihr Gesicht in

Erinnerung. Als sie auf die Wiese ging, sah sie besser aus. Aber schließlich bin ich auch nur eine Ameise …

Doch nun noch etwas zur Ehrenrettung der echten Ameise. Sie spielt nicht Lotto und hat kaum die Möglichkeit, auf Mallorca Urlaub zu machen. Auch hat man noch nicht davon gehört, daß sie ihre Mitameisen mit Mist bewirft.

7

Vorbereitung auf den Tod

Dieses Kapitel ist sehr wichtig für jeden Menschen, denn wir alle werden eines Tages sterben. Viele Menschen haben Angst davor und hoffen, ewig leben zu dürfen.

Natürlich kann man nie sagen, wann dieser Tag kommt und das sollte Grund genug sein, daß wir endlich beginnen, so zu leben, als sei heute unser letzter Tag. Ich meine das nicht so, daß Sie nun tiefsinnig und in sich gekehrt dasitzen und die letzten Stunden verträumen, sondern daß Sie lernen, jeden Tag zu genießen. Es kann nichts Wichtigeres geben als uns selbst. Mit dieser Einstellung läßt sich ganz gut leben, auch wenn mancher meint, das sei egoistisch.

Sterben bedeutet, daß man einen Strich unter das bisherige Leben macht und Bilanz zieht. Viele Menschen sind mit dem täglichen Ärger so beschäftigt, daß sie ein Gefühl für das Leben verloren haben. Wenn es mit uns so weit gekommen ist, dann wird es höchste Zeit umzudenken und etwas zu ändern. Sorgen gibt es immer wieder und es gibt keinen Menschen, der nicht irgendwelche Probleme bewältigen muß. Doch leider haben wir verlernt, das Leben zu genießen. Wir meinen immer, daß zum Genießen viel Geld und vieles andere mehr gehört. Ich meine, das ist falsch. Denn auch der Reiche hat Probleme, wenn er nicht gelernt hat, mit sich selbst auszukommen. Glück also ist nicht unbedingt von materiellen Werten abhängig, sondern von unserer Einstellung.

Noch vor einigen Jahren galt das Alter als etwas Negatives und würde als Tabu von der Gesellschaft gemieden. Heute erfahren wir zumindest einiges von den Gefühlen und Problemen alter Menschen. Dabei müssen wir uns eingestehen, daß Alter keine Frage von Jahren ist. Wer ist denn wirklich alt? Bedeutet alt sein, daß man körperlich zerbrochen ist oder gar verschrumpelt und grau? Wenn Sie das meinen, dann schauen Sie sich Ihre älteren Mitbürger einmal an. Ich habe dabei das Gefühl, daß gerade so wichtige Dinge wie Toleranz und auch Kraft von den meisten Senioren ausgehen. Es ist erstaunlich, wie sich das Bild über den älteren Menschen verändert hat. Mancher junge Mensch kann da noch etwas Energie tanken und der Spruch »je oller, desto doller« ist keine dumme Redewendung. Ich finde ältere Menschen einfach toll. Ohne sie wäre die Welt nicht einmal die Hälfte wert. Diese Menschen zeigen uns täglich, daß es wirklich lächerlich ist, wie wir mit unseren kleinen Zipperlein umgehen und uns in den eigenen vier Wänden verkriechen, weil wir mit gerade 30, 40 Jahren Angst haben, unser heimisches Sterbelager nicht mehr zu erreichen. Ich kenne Menschen, die mit 75 Jahren ihr Paket schnüren und Tausende von Kilometern reisen, um noch etwas zu erleben, Neues zu sehen.

Ich glaube, daß die Erkenntnis, daß man wirklich sterben muß, etwas Ruhe in das Leben bringt. Angst haben wir immer nur vor dem Unbekannten. Erinnern wir uns an Operationen oder andere bange Minuten in unserem Leben. Es gab da einen Moment, wo uns alles egal war. Jeder, der eine Operation mitgemacht hat, der kennt etwas von diesem Abschied vom Leben. Es ist ein Gefühl besonderer Art, und wenn es endlich so weit ist auch gar nicht mehr beängstigend. Entscheidungen für das eine oder andere sind wichtig in unserem Leben. Ältere Menschen erkennen irgendwann, daß das Leben nicht ewig dauert. Das bedeutet, daß man die Tage, Monate und Jahre anders, ja intensiver erlebt, als in der Jugendzeit und im mittleren Alter. Ähnlich eines Todkranken, der die letzten Monate zu leben hat, erscheint unsere Welt auf einmal viel bunter und schöner. Natürlich kommen Momente, wo man weint und fühlt, daß man lieber noch etwas länger bleiben wollte, aber Tränen reinigen – auch unseren Geist.

Die Schilderungen von Menschen, die klinisch tot waren und wieder ins Leben zurückgeholt wurden, sind alle ähnlich. Der Tod und das Sterben sind nicht unangenehm. Viele dieser Menschen sagten sogar aus, daß sie lieber im Licht geblieben wären.

Da ich davon überzeugt bin, daß wir immer wieder leben, ist es natürlich auch klar, warum ich mir über das Sterben meine Gedanken mache. Da es eine Geistübertragung gibt, sollte man sich auch darüber bewußt sein, daß es einen Menschen geben muß, der den Geist des Sterbenden übernimmt. Ich habe herausgefunden, daß der Geist des sterbenden Menschen tatsächlich meist auf ein Kind oder Jugendlichen übergeht. Es ist also eine geistige Vererbung innerhalb der Linie OPA oder OMA auf ENKEL vorhanden. Wenn Sie selbst schon einige Jahre älter sind, dann kennen Sie dieses Gefühl der tiefen Verbundenheit zum kleinen Kind. Anders als Sie Ihre eigenen Kinder empfunden haben, fühlen Sie nun für die Enkelkinder. Diese Liebe wird sogar erwidert, denn die Natur versteht es, uns unbemerkt mit verankerten Trieben zu steuern.

Wenn man mit Eltern spricht, dann stellt sich immer wieder heraus, daß Kinder eine deutliche Ähnlichkeit mit verstorbenen Vorfahren zeigen. Eigenarten werden festgestellt, die auch diese Verstorbenen hatten.

All diese Überlegungen führen uns zu einem Ergebnis. An dem Tag, an dem wir sterben, sollte es möglich sein, daß wir mit unseren Enkelkindern oder anderen jungen Menschen zusammen sind. Auch wenn wir erst Stunden nach unserem Tod besucht werden, ist die Übertragung des Geistes noch möglich.

Wenn meine Theorie richtig ist, können Sie sich so Ihre zukünftigen Eltern selbst aussuchen. Im Krankenhaus unter alten Menschen zu sterben, ist deshalb bestimmt nicht der günstigste Weg.

Wenn Sie Fragen zu diesem Thema haben, oder wenn Sie als älterer Mensch keine Angehörigen haben, dann wenden Sie sich schriftlich an mich. Ich werde Ihnen gerne weiterhelfen.

8
Die Macht unserer Gedanken

Will man unseren Verstand in seiner Funktion verstehen, bietet sich der Computer als anschauliches Modell an. Sie haben vor, Ihren rechten Arm zu bewegen. Dazu bedarf es eines Befehls in Form eines Gedanken. Sie haben beschlossen, der rechte Arm soll sich heben. Sie geben mit Ihrem Entschluß dem Unterbewußtsein einen Befehl. Was nun geschieht, bleibt uns logisch verborgen. Das Unterbewußtsein wird diesen Befehl in Daten umwandeln. Dazu wird erst einmal im »Speicher« nachgesehen, ob eine solche Bewegung überhaupt vorgesehen ist.

Schon in Ihrer Kindheit wurde das Programm erstellt. Genaugenommen schon vor der Geburt im Mutterleib. Damals schon konnten Sie Ihren Arm bewegen.

Erst wenn diese Abfrage positiv ist, wird an das Unterbewußtsein zurückgemeldet: »Ausführung möglich mit folgenden Daten«! Diese Daten werden nun bearbeitet und an die Maschine, also unseren Körper, als elektrische Impulse weitergegeben. Unser Arm bewegt sich tatsächlich nach oben. Aber glauben Sie nicht, damit wäre nun alles erledigt. Jede kleinste Bewegung wird vom Unterbewußtsein kontrolliert. Um überhaupt die derzeitige Bewegung analysieren zu können, ist eine Datenrückmeldung nötig, die vom Körper kommt. Was aber noch entscheidender ist: Das Ergebnis und der Ablauf werden als jüngste Erinnerung im Speicher abgelegt. So erhalten wir einen Speicherinhalt, der immer auf dem neuesten Stand ist. Wenn diese Prozesse erledigt sind, erhält unser Bewußtsein eine Rückmeldung, daß alles ohne Probleme abgelaufen ist. Erst jetzt wird dieser einfache Vorgang beendet.

Sie selbst werden davon kaum etwas bemerken, denn unser Rechner arbeitet unvorstellbar schnell. Und doch kennen wir die Grenzen dieser Datenübertragung ganz genau. So gibt es beim Autofahren Verzögerungen, die als Reaktionszeit bekannt sind. Es ist klar, daß bei Ermüdung auch unser Computer langsamer wird. Überhaupt gibt es Unterschiede von Mensch zu Mensch. Wir haben ganz bestimmte Bereiche, in denen wir Überdurchschnittliches leisten können. Diese besonderen Leistungen kommen durch wiederholte Übung. Hier zeigt sich auch der Vorteil, daß unser Speicher immer wieder auf den neuesten Stand gebracht wird. Ich möchte Ihnen aber auch zeigen, welchen Nachteil dieses System hat. Dazu ein anderer Versuch.

Sie stehen vor einer Prüfung und haben Angst zu versagen. Diese Angst führt dazu, daß eine Wahrscheinlichkeit von unserem Computer errechnet wird. Es werden alle Daten abgerufen, die mit Prüfungen zu tun haben. Selbst aus der Kindheit werden Daten angefordert. Dabei stellt sich heraus, daß Sie in einem Fach immer wieder versagt haben. Nehmen wir an, Sie sollen in diesem Fach eine Prüfungsarbeit schreiben.

Nun bekommen Sie ein Gefühl, welches sich aus den abgefragten Daten entwickelt. Die Wahrscheinlichkeit zu versagen ist größer, als die, die Prüfung zu bestehen. Natürlich ist das nicht allein der Grund, warum Sie resignieren. Ihr Bewußtsein wird aus diesen Daten ein Bild aufbauen, welches die Niederlage plastisch darstellt. Bestimmt ist das auch der Grund, warum viele Menschen glauben, man würde vom Unterbewußtsein abhängig sein. Aber in diesem Punkt muß ich sagen, daß diese Meinung absolut falsch ist. Anweisungen geben nur wir über das Bewußtsein.

Auch wenn die Ausführung vom Inhalt in unserem Unterbewußtsein abhängt, so liegt es an uns, über die Hinweise hinwegzugehen. Wir können befehlen, daß eine neue Erfahrung gemacht wird. Der Computer wird dann umschalten und diese neuen Erfahrungen speichern. Kinder tun das immer wieder, und auch Jugendliche werden einen guten Rat kaum annehmen. Das Kind muß alles selbst erfahren, damit dieses Programm des Lebens erstellt wird. Es nutzt nichts, vor der heißen Herdplatte zu warnen. Erst wenn das Kind den Schmerz spürt, wird es diese Erfahrung später meiden.

Das ist auch der Grund, warum Kinder kaum sagen: Das kann ich nicht. Kinder werden es einfach versuchen. Erwachsene hingegen sind durch die Fülle der Erfahrungen abgestumpft, und es ist schwer, diese festgelegten Programme zu durchbrechen. Doch auch in der Kindheit werden durch falsche Suggestionen der Eltern Versager herangezüchtet. Sogar das Vorbild der Eltern wird für die Zukunft des Kindes wichtig sein. Es zeigt sich immer wieder, daß Kinder aus einfachen Verhältnissen schwerer lernen. Hier ist die Zielsetzung des Kindes schon durch die erreichten Ziele der Eltern begrenzt, und eine Motivation für große Ziele des Kindes selten. Das Vorbild prägt uns also auch.

Wenn wir sehen, daß sich jemand in einem bestimmten Beruf schwer tut, dann werden wir diesen Beruf meiden, weil wir uns auch nicht mehr zutrauen. Man kann diese Funktion des Versagens oder des Erfolgs als Einbildung werten.

»Der Mensch ist immer das, was er sich einbildet zu sein!«

Einbilden bedeutet für viele Menschen etwas Negatives. Einbilden wird mit Spinnen gleichgesetzt. Das ist ein verhängnisvoller Irrtum. Die Einbildungskraft ist der Antrieb des Menschen und auch seine Begrenzung. Einbildung ist, wie das Wort schon sagt, etwas Bildliches. Wenn man nun weiß, daß letztlich nur das in unserem Computer verarbeitet werden kann, was auch bildlich vorstellbar ist, dann sind wir zum wichtigsten Punkt gekommen.

Wir sind in jeder Minute unseres Lebens auf die Phantasie angewiesen. Das macht den Unterschied zwischen Mensch und Computer aus. Wenn der Computer alle unsere Erfahrungen hätte, dann wäre er uns bei der Auswertung überlegen. Nur eines bereitet ihm Schwierigkeiten. Er ist nicht kreativ, kann sich nichts bildlich vorstellen und lernt auch nicht durch Schaden oder Erfolg. Da liegt die Einmaligkeit des Menschen.

Wenn wir genau sein wollen, so kann ein Mensch ohne funktionstüchtigen Körper mit Hilfe einer Maschine sehr gut leben. Nur sein Geist macht ihn funktionstüchtig. Das ist auch der Grund, warum viele Behinderte irgendwann bemerken, daß ihre wirkliche Stärke im Denken liegt. Wer das erkennt, dem stehen alle Türen offen.

Je älter wir werden, um so mehr beschäftigen uns geistige Dinge. Man kann das natürlich nicht verallgemeinern, denn genügend andere Beispiele zeigen uns das Gegenteil. Doch es verändert sich schon einiges in uns mit zunehmendem Alter. In der Jugend zählte noch das lockere, körperlich bezogene Leben. Später aber tauchen immer mehr Fragen über den Menschen als Ganzes auf. Hier spielen auch die vielen Rückschläge eine wichtige Rolle. Jetzt wird Krankheit langsam zum Bestandteil des Lebens und fordert uns viel Kraft für das Ertragen des Schicksals ab. Wir werden zunehmend mit dem Tod konfrontiert und haben schon viel Leid gesehen. Aber auch dieser Eindruck ist eine gewisse Einbildung. Wir ziehen falsche Schlüsse, was das Sterben angeht. Wir sehen, wie andere Menschen einen qualvollen Tod erleiden und meinen, daß Tod für uns ebenso schmerzhaft sein könnte. Doch nur, wer diesen Bereich wirklich kennt, kann Ihnen sagen, daß die Angehörigen meist mehr leiden als der Betroffene. Denn der Schmerz ist eine besondere Form der Einbildung. Als Schutzmechanismus wichtig und doch kaum existent. So ist Schmerz eher ein seelisches Erlebnis als ein körperliches.

Dazu möchte ich Ihnen einige Versuche schildern, die das belegen sollen. Wir versetzen dazu eine Person in tiefe Hypnose und geben ihr dann den Befehl, sie solle die Augen öffnen. Auch wenn es so aussieht, als sei die Versuchsperson wach, so ist sie doch in einem tiefen Hypnosezustand. Wenn wir ihr nun ein Geldstück auf den Handrücken legen und ihr suggerieren, daß dieses Geldstück glühend heiß wird, so wird sie schon nach kurzer Zeit einen starken Schmerz fühlen und das Geldstück wegwerfen. Der Schmerz war Einbildung, werden Sie sagen. Natürlich stimmt das. Wenn wir uns nun nach einiger Zeit den Handrücken unserer Versuchsperson ansehen, dann hat sich eine Rötung an der Stelle gebildet, wo das Geldstück lag. Nach kurzer Zeit sehen wir eine Brandblase an dieser Stelle.

Was ist geschehen? Wir haben dem Unterbewußtsein ein Bild eingegeben, welches als wahr hingenommen wurde. Da tatsächlich der Schmerz einer Verbrennung empfunden wurde, beginnt das Unterbewußtsein, entsprechende Gegenmaßnahmen einzuleiten. Es bildet sich keine Brandblase wegen der Verletzung, sondern aufgrund der Analyse des Geschehens. Das ist auch der Grund, warum Geisteskranke solche Reaktionen nicht zeigen, wenn das entsprechende »Programm« fehlt. Auch gibt es bei diesen Menschen keine Einschränkung durch Schmerz oder starke Belastung. Natürlich nur, wenn die entsprechenden Gehirnzentren gestört sind.

Doch auch ganz normale Menschen vollbringen unvorstellbare Leistungen, weil sie ihren Geist beherrschen. Dazu gehört auch das Feuergehen. Hier wird sogar erreicht, daß die Hauttemperatur der Füße ganz normal bleibt. Man hat in Versuchen ermittelt, daß nach dem Feuergehen keinerlei Verletzungen feststellbar waren. Auch blieb die Hauttemperatur auf dem vorher gemessenen Wert. Fragen Sie einen Glasbläser, was er empfindet, wenn er das bis zu 600 Grad heiße Glas in die Hand nimmt. Auch er lernt unbewußt, seinen Geist auf diese Leistung umzustellen.

Das kostet ihn übrigens die meiste Energie seines Arbeitstages. Auch der Feuergeher ist nach diesen wenigen Sekunden sehr stark belastet, was sich an seiner anschließenden psychischen und körperlichen Erschlaffung zeigt.

Auch was unsere Erfolge im Alltag angeht, können wir Erstaunliches leisten. Hier gelten dieselben Regeln wie beim Feuergehen. Wenn Sie sagen, das schaffe ich nicht, dann ist Ihre Chance dahin. Sie haben Ihrem Unterbewußtsein eigentlich einen Befehl gegeben, den es auch prompt befolgt. »Ich kann meinen Arm nicht bewegen«, führt auch dazu, daß es nicht geht. Dabei ist nicht wichtig, was Sie sagen, sondern was

Sie glauben. Glauben Sie also an Erfolg und Glück, dann werden Sie diese Ziele auch ganz sicher erreichen. Das betrifft auch die Gesundheit, eigentlich jeden Bereich unseres Lebens. Daß die meisten Menschen falsch denken, zeigt das Ergebnis auf unserer Erde. Es reicht nicht, jeden Sonntag in die Kirche zu gehen und den Herrgott um Beistand und Hilfe zu bitten. Bewegen wird sich nur etwas, wenn wir daran glauben und endlich anfangen, etwas zu ändern. Der christliche Glaube kann Hilfe für die Schwachen sein, aber nicht die Legitimation, sich abwartend in die Ecke zu setzen.

Sie haben bestimmt schon bemerkt, daß Sie eigentlich nur einen kleinen Teil Ihrer Möglichkeiten nutzen. Viele Menschen machen es sich schwerer als nötig. Das Wissen um die wirklichen Möglichkeiten des Geistes ist unbezahlbar. Das ist auch der Grund, warum einige Menschen auf dieser Welt Unvorstellbares leisten. Es ist falsch, wenn man sagt: Die haben eben reiche Eltern gehabt. Diese Personengruppe meine ich nicht, sondern die Menschen, die bei Null angefangen haben und einen erfolgreichen Weg gegangen sind. Glauben Sie nicht, daß Erfolg Zufall ist. Wer darauf wartet, wird nicht viel erreichen.

Sie werden sich fragen, warum ich in diesem Buch all das anspreche. Das hat einen einfachen Grund. Um zu verstehen, was Geist ist, brauchen wir diese Grundlagen. Ich hoffe, daß durch diese Hinweise wieder etwas mehr Lebensmut aufkommt, der leider in unserer Zeit immer mehr schwindet. Wir alle müssen lernen, daß wir selbst an unserem Zustand schuld sind. Darum wird es Zeit, uns neue Ziele zu stecken und dann ohne »wenn und aber« zu versuchen, sie zu verwirklichen.

Gehen wir davon aus, daß Sie möglicherweise 80 Jahre leben. Das ist bestimmt nicht unrealistisch. Ziehen wir davon die ersten 18 Jahre ab, so verbleibt genau eine Zeitspanne von 62 Jahren, in denen wir fühlen, wie die Zeit vergeht. In dieser Zeit haben wir ca. 38 Jahre für die Gestaltung unserer Zukunft zur Verfügung. Wenn man bedenkt, daß wir mindestens sieben Jahre brauchen, bis der wirkliche Erfolg beginnt, dann können wir im Leben höchstens fünf Mal neu anfangen. Darum müssen wir lernen, länger als nur sieben Jahre durchzuhalten. Wir müssen uns ein Lebensziel stecken. Wenn wir das nicht machen, dann haben wir unsere Energie verschwendet. Haben Sie schon länger als sieben Jahre durchgehalten, um Ihre Ideen erfolgreich zu machen? Die meisten Menschen tun das leider nicht.

Es handelt sich bei unserem Unterbewußtsein um kein Geheimnis, zu dem nur wenige Menschen Zutritt haben. Auch ist es meiner Meinung nach falsch, die Leistungen unseres Geistes als mystische Angelegenheit zu behandeln. Das alles ist ganz normal.

Was geschieht nun eigentlich, wenn wir mit Menschen zusammentreffen, die angeblich übersinnliche Kräfte haben? Sind diese Wunder, die sie angeblich vollbringen, eine vollendete Form der geistigen Nutzung? Hier möchte ich klar sagen, daß nichts von dem der Fall ist. Eher kommt hier wieder die Einbildung zum Tragen. Es ist verständlich, daß Menschen, die sich für diese Themen interessieren, auch wenig kritisch sind. Das betrifft auch die Forscher auf diesem Gebiet. Es wird immer wieder der Fehler gemacht, daß man ein mögliches Phänomen nachweisen will. Das bedeutet aber, daß es mit der Objektivität nicht weit her ist. Darum sollten Sie überlegt diese Wunder betrachten. Es kann mindestens so interessant sein, diesen Bereich kritisch zu durchleuchten. Sie verlieren nichts dabei, denn wenn Sie keinerlei Hinweise auf Betrug finden, dann reicht es immer noch zu glauben. Aber leichtfertige Gutgläubigkeit ist gerade auf dem Gebiet der Esoterik Dummheit, die mit mehr als nur Geld bezahlt wird. Viele Personen, die auf diesem Bereich arbeiten, geben Ihnen zudem auch viele schädliche Suggestionen mit auf den Weg. Seien Sie ehrlich! Worin liegt der Nutzen einer Vorhersage für Ihr Leben? Wenn diese Zukunftsschau positiv ist, dann werden Sie wieder Mut fassen und versuchen, der Vorhersage möglichst nahe zu kommen. Was aber, wenn düstere Wolken vom Hellseher oder Kartenleger erkannt werden. Hat Ihr Leben dann noch einen Sinn? Menschen, die anderen die Zukunft zeigen, tragen eine große Verantwortung, der sie kaum gerecht werden können. Wieviel Schaden jedes Jahr an der Psyche unzähliger Menschen durch solche Art von Vertrauensmißbrauch angerichtet wird, ist nur zu erahnen. Wenn man schon die Zukunft analysieren will, dann sollte man einen erfahrenen Psychologen aufsuchen, der auch Hilfe geben kann. Es sind immer die ratlosen Menschen, die versuchen, auf diesem Wege doch noch Hoffnung zu finden. Daß es sich dabei meist auch um erfolglose und beeinflußbare Personen handelt, kommt den Scharlatanen hier bestimmt zugute. Da werden kurzerhand 3 500 DM für eine Talmi-Kette als Talisman bezahlt, die nur wenige Mark wert ist. Oder man geht sogar so weit, zu behaupten, man sei mit dem Teufel im Bunde und könne den Ehegatten tothexen.

Wir haben auf dieser Welt einen Bazillus, gegen den wir einfach kein Mittel finden. Hier wäre es an der Zeit, daß Wissenschaftler auf der ganzen Welt umfangreiche Forschungen beginnen. Ich meine den Bazillus der Dummheit. Er wird es schaffen, sogar diese Erde zu vernichten. Eine Krankheit ohne Chance auf Heilung?

Einer hat auf jeden Fall erreicht, daß sich die Dummheit in allen Variationen offen zeigt. Baghwan. Schade, daß wir nicht mehr dieser »ehrlichen« Scharlatane haben. Er hat seinen Jüngern eine wichtige Lektion verpaßt, für die wir alle dankbar sein müssen.

Sie sehen, daß jeder Glaube, der nicht auf uns selbst gerichtet ist, letztlich nur Schaden anrichten kann. Wer an andere Menschen glaubt und diese zu Göttern erhebt, hat den Glauben an sich verloren und somit seine Möglichkeiten für die Zukunft verschenkt.

Das soll nicht bedeuten, daß Vorbilder abzulehnen sind, aber man sollte sich klarmachen, daß Vorbilder nur Vorteile bringen, wenn wir daraus lernen und bereit sind, ebenso zu handeln und Ähnliches zu erreichen. Wenn man verstanden hat, daß man selbst die gleichen Möglichkeiten in sich trägt wie andere, dann ist das Vorbild ein Anreiz, selbst etwas zu leisten.

Nur auf solchem Wege kommt die Fähigkeit zum Tragen, mit seinen Gedanken eine Zukunft aufzubauen. Genau hier werden die Weichen in Richtung Zukunft gestellt, und es ist nun eine Frage des Durchstehvermögens, ob man die Ziele auch erreicht. Um Ihnen deutlich zu machen, wie die Gedanken wirken, möchte ich Ihnen ein Beispiel geben.

Herr A. hat den Entschluß gefaßt, künftig erfolgreicher zu werden. Bisher hat er immer wieder versucht, anderen Menschen etwas zu beweisen und ist dann kläglich gescheitert. Ganz besonders sein Vater sollte ihn endlich anerkennen. In der Kindheit hatte man ihm immer wieder gesagt, daß aus ihm doch nichts Richtiges werden würde. In einem Gespräch gab ich ihm den Rat, in Zukunft nur etwas für sich zu tun. In der Familie, in der man aufgewachsen ist, wird man kaum anerkannt. Das geht selbst bekannten Größen so. Man muß das auch verstehen, denn Eltern, die den Sprößling vor langer Zeit noch täglich gewickelt haben, können eben nicht einfach nur den Bundeskanzler in ihrem Kind sehen. Das ganze Volk nimmt diesen Mann wichtiger als seine Eltern. Das soll sich natürlich nicht auf den derzeitigen Bundeskanzler beziehen, sondern nur ein Beispiel sein, an dem man sich das recht plastisch vorstellen kann. Wenn man also versucht, jemandem etwas zu beweisen, dann gibt das immer eine Enttäuschung, denn die Suggestionen reichen von »Du spinnst« bis »Wir werden sehen«. Durch das Bekanntgeben der Pläne wird letztlich nur Neid erzeugt. Man kann sich das bei den Eltern kaum vorstellen, aber auch dort kommt dieses Verhalten zum Tragen. Man kann nichts verallgemeinern, denn es gibt auch Ausnahmen. Das ändert aber nichts an dem Fehler selbst. Wer soll denn letztlich etwas von Ihren Plänen haben? Hauptsächlich doch Sie selbst. Wenn Sie also zu den Menschen gehören, die eine Neuigkeit sofort anderen Menschen erzählen müssen, dann kann man pauschal sagen, daß Sie bisher wenig Erfolg hatten. Wichtigtuerei und fehlender Selbstantrieb sind keine Basis für die Zukunft. Jetzt werden Sie auch bemerkt haben, daß die meisten Menschen so reagieren. Ganz besonders in den unteren Schichten ist diese dumme Angewohnheit ausgeprägt. Man kann das besonders gut in nachbarschaftlichen Angelegenheiten beobachten.

Erstes Gebot ist also Stillschweigen. Ein weiterer Punkt ist die Überlegung, ob man sich einen Partner für mögliche geschäftliche Pläne sucht. Hier wird das Problem noch größer. Meist brennt das Feuer der Begeisterung nur recht kurz und dann läuft alles auseinander. Ihre Idee wird möglicherweise sogar übernommen, und Sie schauen Ihrem Erfolg hinterher. Darum sollten Sie versuchen, lieber eine Idee selbst durchzuziehen und dann später auf Mitarbeiter zurückgreifen.

Zweites Gebot ist Vertrauen in sich und nicht in andere Menschen.

Drittes Gebot ist Zeit. Sie müssen lernen, daß nichts auf dieser Welt sofort geht. Alles braucht seine Zeit. Je weniger Sie versuchen, etwas zu erzwingen, um so größer wird der Erfolg. Das bezieht sich ganz besonders auch auf den Zwang. Wenn Sie etwas müssen, dann sind Ihre Aussichten eher negativ. Aufträge, die Sie annehmen müssen, weil das Geld wichtig ist, bringen meist mehr Verlust, als wenn Sie sich ins Bett gelegt hätten. Bestimmt haben Sie schon beobachtet, daß Sie Ihre größten Erfolge hatten, wenn Sie kaum etwas dafür getan haben. Haben Sie aber versucht, mit aller Gewalt und mit viel Kleinarbeit etwas zu erreichen, dann hat sich letztlich der Aufwand kaum gelohnt. Lernen Sie also Zeit zu haben. Alles, was Sie mit »ICH WILL« beginnen, wird ein Reinfall. Beobachten Sie Ihre Mitmenschen. Immer wieder hören Sie diese Worte. »ICH WILL« ist nichts anderes als ein Wunsch, den man sich nicht erfüllen kann. So ist die Aussage »Ich will ein neues Auto« unsinnig, denn Sie können nicht einmal sagen, welches. Selbst wenn die Marke bekannt ist und möglicherweise auch die Farbe, nutzt »ich will« nichts. Erst wenn Sie sagen können, »ICH WERDE« z. B. das Auto bei Autohaus Meier kaufen, dann ist Ihr Wunsch zu einem Befehl für Ihr Unterbewußtsein geworden. Die meisten Gespräche, die mit »ich will« geführt werden, erkennen unsere Mitmenschen sofort als Hirngespinst, und Sie müssen sich nicht wundern, wenn man über Sie lächelt. Obwohl wir also gefühlsmäßig diesen Unterschied bemerken, ist den meisten Menschen nicht bewußt, daß Sie selbst so handeln. Versuchen Sie also immer, bei Ihren Zukunftsplänen »will« zu vermeiden. Sie werden feststellen, daß Sie viel weniger zu erzählen haben. Ich persönlich bewerte Entschlüsse anderer Menschen grundsätzlich danach. In den meisten Fällen liege ich richtig.

Viertes Gebot: Wenn Sie es geschafft haben, »ich werde« zu sagen, dann haben Sie schon viel erreicht. Nun sollten Sie bereit sein, erst einmal Ihren Entschluß bildlich zu sehen. Nur wenn das möglich ist, wird Ihr weiteres Verhalten auch auf das Erreichen des Ziels abgestimmt sein. Viele erfolgreiche Sportler handeln danach und sehen vor dem Wettkampf bildlich den Sieg und auch, wie sie ihn erreichen. Auf diese Weise kann man übrigens viel Trainingszeit sparen, denn körperliches Training kann nur so fruchtbar sein, wie es im Unterbewußtsein zur Idee und zum Bild wird. Viele Menschen versuchen erst einmal, bevor sie glauben. Besser ist es, wenn man vorher viel Zeit für die Vorstellung aufwendet und dann gezielt an die Arbeit geht. So kann man tatsächlich Autofahren lernen, ohne wirklich am Steuer des Autos zu sitzen. Es reicht, wenn man die Bedienung schon einmal gelesen hat. Gerade Kinder haben diese Gabe noch sehr ausgeprägt. Wir kennen den Spruch, daß man vor einer Entscheidung alles überschlafen soll. Das ist der beste Zeitpunkt für die bildliche Vorstellung Ihrer Ziele.

Beim Einschlafen müssen wir erst in den Bereich der Hypnose hineinsinken. Dort werden die anliegenden Probleme geordnet und logisch überdacht. Erst wenn dieser Vorgang abgeschlossen ist, können wir einschlafen. Stellen wir also morgens fest, daß wir geschlafen haben, ist auch das Problem vom Unterbewußtsein berechnet worden, und jetzt steht uns ein Ergebnis zur Verfügung. Einige Probleme sind so umfangreich, daß dazu viele Nächte nötig sind. Wenn Sie in einer Angelegenheit also das Gefühl haben, daß noch keine befriedigende Lösung existiert, verschieben Sie eine Entscheidung unbedingt. Zeigt sich nach längerer Zeit immer noch kein Ergebnis, bedeutet Ihr Problem ein Risiko und der Ausgang ist nicht errechenbar. Das kann auch daran liegen, daß Sie zu wenig Informationen haben. Sie sollten dann versuchen, mehr über Ihr Problem zu erfahren. Möglicherweise ist die Lösung dann ganz einfach. Der Wahrsager ist übrigens die schlechteste Lösung, weitere Informationen zu bekommen. Sie wissen doch, daß Fragen nichts kostet. Fragen Sie also Menschen, die ähnliche Probleme hatten, oder die dafür da sind, diese Probleme zu lösen.

Fünftes Gebot: Vermeiden Sie, wenn möglich, in Ihrer näheren Umgebung über Ihre Tätigkeit zu sprechen. Es ist vorteilhaft, wenn Sie Ihren Arbeitsbereich und die Wohnung trennen. Auch wenn es für Sie vorteilhaft erscheint, im Haus Ihren Arbeitsplatz einzurichten, so sollten Sie das gründlich überdenken. Man gilt im eigenen Ort immer weniger als 5 Kilometer weiter. Das kann sogar für den privaten Bereich wichtig sein. Es ist angenehmer, den Freundeskreis entfernt vom Wohnort aufzubauen, als direkt in der Kneipe an der Ecke. Oft ist diese ortsgebundene Lebensweise für Probleme verantwortlich.

Sechstes Gebot: Wenn Sie wirklich Ihr Leben ändern und auf den Erfolg umsteigen wollen, ist es in den meisten Fällen vorteilhaft, auch den Wohnort zu wechseln. Es zeigt sich immer wieder, daß man solange geduldet wird, wie man eben der Hans von der Bergstraße ist. Werden Sie jedoch erfolgreich, sind Ihre bisherigen Freunde die Neider. Nicht Sie haben sich verändert, sondern die anderen Menschen. So wie man Sie kennengelernt hat, möchte man Sie auch behalten. Das bedeutet aber, daß Sie als erfolgreicher Mensch in einem anderen Ort sofort als dieser anerkannt sind. Man wird Ihnen dort anders begegnen als an Ihrem alten Wohnort. Freunde, die Sie als erfolgreichen Menschen kennenlernen, werden Sie dann auch so nehmen, wie Sie sind.

Übrigens werden Sie schnell feststellen, daß Ihre neuen Freunde auch schon etwas im Leben geleistet haben. Man begibt sich automatisch in ein anderes Umfeld.

Vergessen Sie aber eines nicht. Von einem Aufsteiger erwartet man Aufstieg. Fallen Sie auf die Nase, wird man schadenfroh über Sie lachen. Darum sollten Sie alles genau in Ihrem Geiste überlegen und dann fest und entschlossen handeln. Sie müssen für Ihren Aufbau mindestens drei bis sieben Jahre einrechnen. Zeit sollte für Sie keine Rolle spielen. Lieber über viele Jahre immer etwas mehr, als sofort alles und in wenigen Monaten nichts mehr.

Viele Menschen werden nun schon die Idee, etwas besonderes zu leisten, wieder aufgeben. Es ist eben einfach zu schwer, sagen diese Menschen. Sie vergessen aber, wie schwer es ist, täglich sehen zu müssen, wie andere Menschen das geschafft haben.

Noch ein guter Rat für den Weg zum Erfolg. Wenn Sie meinen, daß man für den Erfolg unbedingt viel Geld braucht, ist Ihre Idee nicht gut. Natürlich können Menschen mit viel Geld andere Wege gehen als Sie. Das bedeutet aber nicht, daß Sie auf einem anderen Weg nicht noch erfolgreicher werden. Es ist wie in der Werbung. Nicht das Produkt ist sein Geld wert, sondern die Idee, die dahinter steckt. Je mehr Geld Sie in eine Zukunft stecken müssen, um so weniger verdienen Sie. Das hört sich für Sie bestimmt unlogisch an. Doch wer viel Geld für eine Idee benötigt, der ist immer auch gezwungen, große Mengen abzusetzen.

Umfragen zeigen hier ganz deutlich, welche falschen Ansichten unsere Bürger haben. Auf die Frage, wieviel ein Unternehmer an einer Ware verdient, die er herstellt, meinten über 50% der Befragten, daß der Unternehmer mindestens 50% an der Ware verdient. Unter diesem Gesichtspunkt erscheint es wirklich vorteilhaft, viel Geld in etwas zu investieren. Doch die Wirklichkeit sieht ganz anders aus. Durchschnittlich verdient er nämlich nur 2% vom Verkaufspreis. Die Herstellung von Waren ist also nur in der Masse lukrativ. Wenn Sie aber eine besondere Fähigkeit haben, dann brauchen Sie wenig Geld. Sie sind Ihr eigenes Kapital. Deshalb sollten Sie genau überlegen, ob ein Geschäft auch wirklich eines ist. Der kleine Laden, von dem man träumt, ist möglicherweise nur ein vermeidbares Risiko.

Doch nun genug zu unternehmerischen Fragen. Erfolg muß nicht unbedingt ein Geschäft sein. Für viele Menschen reicht es, anerkannt zu sein. Egal, ob sich das auf den Arbeitsplatz bezieht oder auf das Zusammenleben mit anderen Menschen. Hier gelten die gleichen Regeln. Ruhig und besonnen, andererseits lustig und offen und auf keinen Fall ein Angeber, dem das Wort »will« der liebste Wortschatz ist. Aber auch nicht ein »ABERMENSCH«, der nach jedem zweiten Satz das Wort »aber« gebraucht. Ich würde schon, aber ich kann nicht. Diese Redewendungen sind gang und gäbe. Wieder ein Zeichen für Versagen, aber diesmal in anderer Form. Alles was diese Menschen von sich geben, ist von Aufgeben gezeichnet. Diesen Menschen sei folgendes gesagt: Jeder Satz, der das Wort »aber« enthält, hätte nicht ausgesprochen werden müssen. Es zeigt nur die Wankelmütigkeit, die in diesen Menschen eine Entscheidung unmöglich macht. »Ich würde schon, aber ich kann nicht« hätte man auch anders sagen können. Z. B. »Ich werde nicht«. Doch für einen solchen Entschluß bedarf es Mut. Und da diese Menschen im Grunde ihrer Seele Feiglinge sind, werden sie immer solche Redewendungen benutzen. Doch Feigheit ist immer auch von Berechnung geprägt. Das ist auch der Grund, warum wir letztlich von solchen Menschen enttäuscht werden. Genaugenommen wollen sie es sich mit keinem verderben und sich immer noch ein Hintertürchen aufhalten. Auffallend ist auch, daß diese Menschen bei klaren Fragen einem nur schwer in die Augen sehen können.

Ein weiterer Spiegel der Einstellung ist das Lächeln. Wir werden feststellen, daß viele Menschen nach einer Aussage lächeln. Sie können dann mit 99%iger Sicherheit davon ausgehen, daß Sie belogen worden sind.

Wirkliche Gefahr droht aber von Menschen, die überhaupt keine Regung zeigen. Man hat das Gefühl, als hätten diese Menschen eine Maske auf, die alles verdecken soll. Wenn Sie also einen Menschen nicht einschätzen können, dann sollten Sie sich einfach nicht mit ihm einlassen.

Sie werden sich fragen, warum das in dieses Kapitel gehört. Ich möchte Ihnen einige Anregungen geben, wie Sie sich selbst beurteilen können. Denn zum Erfolg gehört ein ausgeglichenes Denken und Handeln. Wird das nicht erreicht, dann werden Sie nur durchschnittlich sein. Beobachten Sie sich. Sie werden schnell merken, ob Sie zu den erfolgreichen Menschen gehören. Auch können Sie ermessen, warum Sie möglicherweise bisher sehr erfolgreich waren. Wenn Ihre Versuche aber gescheitert sind, werden Sie erkennen, daß Sie sehr viel lernen müssen. Daß man das bis zu einem bestimmten Punkt erlernen kann, kann ich Ihnen versichern. Wo dieser Punkt liegt, entscheiden Sie mit Ihrem Entschluß selbst.

Nehmen wir an, Sie wollen jetzt endlich etwas verändern. Jetzt kommt die Frage »Aber wie?«.

Dazu ein Beispiel:

Gehen Sie davon aus, daß Ihre Zeit auf dieser Erde begrenzt ist und dies einen großen Vorteil für Sie hat. Sie haben nichts zu verlieren als Ihr Leben. Wenn Sie bedenken, daß Sie sich diese Zeit so angenehm wie möglich machen sollten, dann ist schon ein wichtiger Grund für eine Veränderung gegeben. Der nächste Schritt ist die Suche nach dem Ziel. Sie sollten die Augen offenhalten und schriftlich niederlegen, wie Ihr Leben ideal wäre. Diese Punkte sind entscheidend für Ihre Zukunft. Darum sollten Sie sich Zeit lassen. Weiterhin sollten Sie davon ausgehen, daß das, was Sie in Zukunft machen wollen, Ihr endgültiger Entschluß ist und Sie ihn als »Lebenswerk« ansehen. Bisher haben Sie Ihre Ziele meist für einen überschaubaren Zeitraum gesteckt. Das kann aber schon der Grund sein, warum Sie nicht mehr erreichten. Wenn Sie bisher so geplant haben, dann sind Sie ein sogenannter »Hürdenspringer«. Sie haben ein Ziel gehabt und es möglicherweise auch erreicht. Dann aber stellte sich die Frage, wie es weitergehen soll – diese Frage kam einfach zu spät. Gerade das muß vor dem Beginn des Aufstiegs feststehen. Sie müssen also Stufe für Stufe aufsteigen. Nur ein Zwischenziel ist kein Ziel.

Stellen Sie sich z. B. vor, Sie haben das Ziel, mehr zu verdienen. Sie beginnen diese Hürde zu erklimmen, und tatsächlich haben Sie eines Tages den Gipfel erreicht. Nun wendet sich die Zeit gegen Sie. Sie fallen auf der anderen Seite wieder herunter. Dieses falsche Verhalten ist selbst bei einigen Unternehmen zu beobachten. Man ruht sich auf dem momentanen Auftragshoch aus und bemerkt dabei nicht, wie langsam die Pleite näherrückt. Gerade wenn man erfolgreich ist, ist dies der günstigste Zeitpunkt, das nächste Ziel anzugehen. Handelt man nicht, so wird man in absehbarer Zeit wieder an der Stelle sein, wo man angefangen hat.

Das bedeutet, daß es ein höchstes Ziel geben muß und die dazwischenliegenden als eine Treppe zum großen Erfolg angesehen werden müssen. Jetzt werden Sie auch verstehen, daß der Lottokönig sehr schnell im Armenhaus enden kann. Wirklicher Erfolg läßt sich nur erklimmen und nicht gewinnen. Wenn der Lottokönig rechtzeitig höhere Ziele aufgebaut hätte, dann wäre sein Geld eine gute Basis gewesen. Mit Suggestionen wirklich etwas zu erreichen, bedeutet also, sie nicht für Kleinigkeiten einzusetzen. Man kann damit Großes erreichen, und dafür sollte dieses Mittel auch gedacht sein.

Wenn Sie dann erfolgreich sind, erinnern Sie sich bitte wieder an die Worte über das Angeben. Nur der Angeber ruht sich auf seinen Erfolgen aus. Wer mehr erreichen möchte, für den ist der bisherige Erfolg selbstverständlich und ganz normal. Kann aber dieses dauernde Rennen nach Erfolg auch Erfüllung bedeuten? Ich meine, es kommt darauf an, von welcher Warte aus man das sieht. Wichtig ist eben, daß man den Blick für das Leben nicht verliert. Darum sagte ich ja auch, daß man sich Zeit lassen soll. Erfolg ist der gesündeste Streß, den man haben kann. Der Zwang zum Erfolg dagegen tödlich.

Ziehen Sie doch einfach einmal eine Linie auf einem Blatt Papier von links unten nach rechts oben. Ganz unten ist der Punkt null. Dieser Punkt bedeutet, daß Sie allein, ohne Geld, Kleider und Essen im Wald stehen und einfach nur leben. Natürlich eine recht negative Vorstellung. Jetzt machen Sie darüber ein Kreuz, welches den Punkt bezeichnen soll, den Sie erreichen, wenn Sie versagen. Also sozial am Ende, mit dem Nötigsten versorgt. Sie werden feststellen, daß Sie in unserem Staat nicht bis auf den untersten Punkt fallen können. Selbst wenn Sie es versuchen, wird es nicht lange dauern und jemand wird Sie finden, Ihnen Kleider geben und etwas zu essen. Ihr weiterer Weg ist Ihrer Phantasie überlassen. Ganz rechts oben sollten Sie Ihr höchstes Ziel angeben. Denken Sie daran, daß Sie sich mit der Zielsetzung auch begrenzen. Doch

Sie haben auch die Möglichkeit, rechtzeitig wieder ein noch höheres Ziel anzugeben. Die erste Stufe haben Sie schon erreicht, denn diese ist Ihr jetziger Punkt. Wenn Sie nun nach und nach die weiteren Ziele einzeichnen, haben Sie Ihren Fahrplan zum Erfolg. Machen Sie nicht den Fehler, sich zeitlich zu begrenzen. Wichtig ist nur, daß Sie es erreichen. Je schneller, um so besser.

Sie haben nun die Basis für den zukünftigen Erfolg. Jetzt können Sie sich auch jede Stufe dorthin bildlich vorstellen. Verwenden Sie täglich einige Minuten darauf, diese Bilder zu sehen. Seien Sie sicher, daß sie Wirklichkeit werden und vernichten Sie sofort jeden Zweifel.

Sie werden nun täglich feststellen, wie stark die Macht unserer Gedanken ist. Selbst glückliche Fügungen, die Sie bislang übersahen, werden Sie nun erkennen und sie als Hilfen auf dem Weg zum Erfolg nutzen. Da Sie sich täglich mit Ihren Zielen beschäftigen, werden die negativen Gedanken regelrecht ausgelöscht. Sie bekommen nach einiger Zeit ein Gefühl des Glücks und werden schon nach einem Jahr feststellen, daß es tatsächlich immer weiter nach oben geht. Richten Sie sich gedanklich schon auf Ihr zukünftiges Leben ein, und lernen Sie schon am Anfang so zu sein, als hätten Sie das höchste Ziel erreicht. Übrigens ist dieser Weg auch eine Glaubenssache. Aber Sie wissen ja, daß der Glaube Berge versetzen kann. Glauben Sie also an Ihre erfolgreiche und glückliche Zukunft, und alles wird tatsächlich so eintreten. Haben Sie niemals Angst, diese Leiter herunterzufallen, denn dann machen Sie einen riesigen Fehler. Wer Angst hat über etwas zu stolpern, wird das Hindernis so sehr beobachten, bis er darüber fällt. Die Macht der Gedanken wirkt immer auch negativ. Leider ist die Wirkung im positiven Sinne geringer als im negativen. Darum nochmals das Wichtigste überhaupt: Geben Sie negativen Gedanken keine Chance! Ersetzen Sie einen solchen Gedanken sofort mit der Suggestion: *»Ich werde mein Ziel ganz sicher erreichen. Nichts kann mich daran hindern.«*

Wir Menschen haben unser Leben zur freien Gestaltung unseres Glücks in der Hand. Es gibt keine bessere Anlageform als Erfolg und Glück. Ich wünsche Ihnen viel Erfolg beim richtigen Einsatz der Macht Ihrer Gedanken.

9

ANGST – eine Folge von Erfahrungen aus den früheren Leben?

Der Mensch ist ein Gewohnheitstier. Vielfach ist das tatsächlich gut zu beobachten. Ich möchte mich aber nicht mit den guten und schlechten Angewohnheiten beschäftigen, sondern einige Gedanken auf Überlieferung und Gewohnheit verwenden.

Uns allen sind ganz bestimmte Verhaltensweisen der Menschen bekannt. So gibt es unzählige Menschen, die Angst vor Mäusen und Ratten haben. Ebenso genügt vielfach eine kleine Spinne, um den großen Menschen aus dem Zimmer zu jagen. Bestimmt haben auch Sie schon überlegt, woran das liegen könnte. Logische Gründe lassen sich für die Panik vor kleinen Tieren nicht finden. Überhaupt scheint es Arten von Angst zu geben, die wir nicht einfach analysieren können. Man kann im einzelnen Fall versuchen, einen Bezug zur Kindheit herzustellen, aber nicht immer liegt dort die Lösung verborgen.

Gerade die Angst vor Ratten und Mäusen ist vor langer Zeit geboren worden. Viele hundert Jahre liegen diese Gründe zurück. Damals waren die kleinen Nager eine ernsthafte Bedrohung für den Menschen, da sie Krankheiten übertrugen, die vielfach für den Menschen den Tod bedeuteten. Doch auch heute ist noch ein großer Teil unserer Bevölkerung außerstande, ein solches Tier anzufassen.

Auch andere Dinge sind kennzeichnend für das Glaubens- und Angstbild. Gerade der Glaube, der sich aus der Frühzeit bis in unser Jahrhundert retten konnte, verbreitet eher Angst als Hoffnung. Hier muß man auch den theologischen Aspekt sehen. Vor langer Zeit waren die Worte des Christentums noch unersetzlich, denn sie halfen, den Menschen einigermaßen im Zaum zu halten. So erkennen wir beim Lesen der Heiligen Schrift die vielfältigen politischen und sozialen Aspekte dieser Zeit. Genaugenommen waren diese ersten allgemeinen Gesetze in einmaliger Weise erdacht worden, weil sich der Glaube als sehr wirksam erwies. Heute haben wir bedeutend mehr Probleme mit Gesetzen, weil sie letztlich nur Verbote sind, die höchstens von anderen Menschen geahndet werden können. Auch wenn die Gerichte in unserer Zeit beim Schwur noch Relikte der Frühzeit nutzen, um Gott mit ins Spiel zu bringen, so ist für die größte Zahl der Menschen der Schwur eines von vielen Versprechen geworden, die man brechen kann. Überhaupt ist das Versprechen in unserer Zeit keine endgültige Entscheidung mehr, sondern eine Notlüge. Das sind auch Zeichen dafür, daß der christliche Glaube von der Masse nicht mehr ernst genommen wird.

Man braucht kein Christ zu sein, um den großen Vorteil dieser Volksraison zu erkennen. Noch unsere Großeltern erzählten Märchen, die diese Hintergründe nutzten. Angst als Mittel gegen das Ausbrechen aus der Norm. Angst kann auch etwas Gutes haben, denn wir alle lernen ja in unserem Leben, Angst vor negativen Dingen zu haben. Alles, was uns schaden kann, vermeiden wir durch eine positive Angst. Auch die Angst vor Strafe kann einige Handlungen verhindern. In unserer Zeit wird in der Politik wieder ein Beispiel für Angst geliefert. Man hat dafür den Namen »Abschreckung« geprägt. Durch die Berechenbarkeit des Risikos eines kommenden Krieges erhofft man sich, daß diese Angst ausreicht, die Katastrophe zu vermeiden. Auch hier ist ein Vorteil zu erkennen. Nur sollten wir auch bedenken, daß es Menschen gibt, die keine Angst kennen. Das Abschreckungssystem versagt in dem Moment, wo keine Angst empfunden wird. Das Fatale daran ist, daß die Menschen, die täglich mit der Angst umgehen, diese verlieren. Das kann bedeuten, daß auch das Gespenst Atomkrieg für die Politiker irgendwann zu einer Sehnsucht werden kann.

In der Psychologie kennt man das Phänomen, daß Menschen, die eine bestimmte Angst über längere Zeit ertragen mußten, ohne diese Angst nicht mehr sein können. So zeigt sich, daß die Tochter eines Trinkers und Randalierers eigenartigerweise bei der Partnerwahl einen dem Vater ähnlichen Mann findet und, für viele unverständlich, auch liebt. An den Partnern der Menschen kann man vielfach auch auf die Eltern schließen. Die Tochter wird möglicherweise die Verhaltensweise der Mutter übernehmen.

In kraßen Fällen könnte man glauben, daß die Menschen ohne negative Elemente gar nicht leben können. Möglicherweise kennen Sie Menschen, die in für Sie unverständlicher Weise zusammenleben. Wenn Sie gar versucht haben, der armen Frau zu helfen, den brutalen Mann zu verlassen, dann war sie schon nach kurzer Zeit wieder bei ihrem Mann. Möglicherweise haben die beiden Sie sogar angegriffen und Ihnen viele Scherereien bereitet. Dabei macht diese Form der Hörigkeit auch nicht vor den Reichen halt. Unter diesem Gesichtspunkt wird die schwache Stelle der Abschreckung sichtbar. Krieg und Gewalt beginnt in unseren Beziehungen und glauben Sie bitte nicht, das wäre die Ausnahme. Aus diesem Grund ist auch immer eine Kriegsgefahr vorhanden. Ähnlich wie bei der Partnerschaft verhält es sich auch in bestimmten Berufen.

Ich möchte hier nur ganz allgemein feststellen, daß z. B. Menschen, die geheimdienstlichen Arbeiten nachgehen, in gewisser Weise unter einem Deckmantel ihren inneren Neigungen, die übrigens in jedem Menschen vorhanden sind, nachgehen können. Wir beobachten das bei vielen Berufen. Schon die Tatsache, eine Uniform tragen zu können, nimmt viel Druck vom persönlichen Gewissen. Uniform bedeutet immer auch Sicherheit in der Masse Gleichhandelnder. Wir haben das beste Beispiel dafür in unserer Geschichte. Brave Bürger wurden perverse Fanatiker, weil sie in der braunen Uniform immun waren. Für viele Menschen waren die vielen Prozesse nach dieser Zeit des Mordens lästig. Doch genau dadurch hat man erreicht, daß die Einbildung der Immunität wenigstens teilweise zerstört wurde. Heute erkennen wir wieder solche Tendenzen, wenn es darum geht, Terror oder gewalttätige Demonstrationen einzudämmen. Einerseits kann man verstehen, wenn der Demonstrant die Überwachung durch den Staat als Begrenzung seiner Freiheit sieht, andererseits muß man aber auch sagen, daß zum Demonstranten Feigheit in Form der Vermummung nicht paßt. Wieder versucht man in der Masse unterzutauchen und die Verantwortung abzulehnen. Hier wird auch der Grund liegen, warum der Staat letztlich die Freiheiten begrenzt. Ehrlichkeit führt zur Lockerung, Feigheit jedoch zur Begrenzung. Wer will der Polizei es verübeln, wenn sie sich ebenso feige hinter der Uniform versteckt? Wenn Feigheit aber gegeneinander kämpft, dann gibt es Krieg. Das ist in der Politik ebenso wie im Elternhaus.

Vielfach sind nicht die Einstellungen Anlaß zur Auseinandersetzung, sondern die Tatsache, daß man hintergangen wird. Nicht die Logik führt zum Krieg, sondern das Gefühl. Beim Menschen besteht ein fatales Mißverständnis zwischen Logik und Gefühl. Wir Menschen können im Höchstfall ca. 20 Informationen in der Sekunde logisch bearbeiten, erhalten aber in dieser Zeit über 500 Millionen Informationen, gefühlsmäßige Informationen. In diesem Verhältnis steht auch die Wahrscheinlichkeit, daß es wieder Auseinandersetzungen gibt. Erst einmal fanatisch geworden, gehen auch die letzten logischen Erwägungen verloren. Demonstrationen sind keine Gefahr für uns alle, sondern der Fanatismus, der hinter den Ideen steht, die wir in unseren Köpfen ausbrüten. Das trifft auf alle Bereiche unseres Zusammenlebens zu. Auch Ärzte, Steuerbeamte, Polizisten und, nicht zu vergessen, wir selbst sind aus dieser Aufzählung nicht auszuschließen. Der schönste Leitspruch, der diese Probleme sichtbar macht, ist folgender: »Wer nicht über sich selbst lachen kann, der ist eine Gefahr für andere.«

Wenn Sie nun nach diesen Gesichtspunkten die Menschen betrachten, dann werden Sie mehr Fanatiker finden als ausgeglichene Menschen. Dann können Sie aber auch nicht verlangen, daß in den wichtigsten Fragen, die für Frieden und Glück entscheidend sind, Ausgeglichenheit besteht. Es sind nicht Minderheiten, die uns bedrohen, sondern wir selbst. Wären es nur Minderheiten, dann hätte es die Verwirrungen im Dritten Reich nicht geben können.

Es ist gut, daß heutzutage in den Schulen diese Zeit als ein trauriges Kapitel der Menschheit dargestellt wird, doch wenn man meint, damit die Sicherheit zu haben, daß sich so etwas nicht wiederholen kann, ist das naiv. Es gibt viele Variationen des Elends.

Wenn man nun den Aspekt der Angst nochmals betrachtet, so hat diese Form der Abschreckung unbedingt ihre Daseinsberechtigung. Da gerade der Feigling den größten Schaden anrichtet, ist es wohl das einzige Mittel, das bei diesen Menschen helfen kann. In Massen sind auch Feiglinge stark. Das sollte uns zu denken geben. Feiglinge reagieren wie kleine Kinder. Etwas anzünden und dann schnell weglaufen. Schnappt man einen, dann waren es die anderen. Wieviele Feiglinge es in unserem Land gibt, zeigt die teilweise naive Art, wie die Masse des Deutschen Volkes die Verbrechen im Dritten Reich einfach übersehen haben will.

Diese Erkenntnisse sind so alt wie die Menschheit, denn sonst hätte man das Alte Testament nicht geschrieben. Nicht die Könige und Fürsten tragen die Schuld für Unterdrückung, sondern die Masse, deren Hinterlist unberechenbar war. Es hört sich für viele Menschen furchtbar an, was ich schreibe. Doch seien Sie ehrlich. Welche Feinde haben Sie? Sind nicht die schlimmsten Feinde die Feiglinge? Wenn Sie aufgerufen wären, einen wirklich gangbaren Weg für diese Welt zu suchen, würden Sie kläglich scheitern. Sie werden irgendwann zu der Erkenntnis kommen, daß Sie nur mit Angst und Schrecken die Masse zur Ordnung rufen können. Die Kirchen, egal welcher Glaubensform, haben das versucht. Schauen Sie sich das Ergebnis an. Es ist der Spiegel für den Glauben in den einzelnen Menschen. Täglich geschehen Morde und täglich sterben Menschen, weil man verantwortungslos handelt. Ich meine nicht die Fehler, die jeder Mensch machen kann, sondern z. B. den Betrunkenen, der unschuldiges Leben mit seinem Auto zerstört. Wenn das aber menschlich ist, dann verlangen wir von den Menschen, die wirklich Verantwortung tragen, sehr viel. Das ist auch der Grund, warum in der Politik nicht die größten

Feiglinge sitzen können. Feiglinge würden keine Verantwortung in dieser Form übernehmen. Doch diese Menschen urteilen täglich über andere Menschen: »Der Nachbar ist ein Idiot und der Politiker XY ist einfach unfähig.« »Ich würde, wenn ..., alles anders machen, aber ...« Dieser Wortschatz kennzeichnet die Feiglinge auf der ganzen Welt.

Wie ist es aber möglich, daß man aus der langen Lebensgeschichte nichts lernt? Es muß doch die Möglichkeit bestehen, daß innerhalb der Menschheitsgeschichte irgendwann jeden Menschen die Erleuchtung heimgesucht hat. Das würde jedoch auch bedeuten, daß die Angst vor kleinen Nagern längst abgebaut sein müßte.

Ich bin der Meinung, daß wir die ganze Geschichte der Menschheit in uns tragen. Wir hatten also genügend Möglichkeiten, etwas daraus zu lernen und doch bleibt alles, wie es ist. Natürlich hat sich etwas geändert, doch sind es nur Äußerlichkeiten. Das ist ein Zeichen dafür, daß der Mensch immer noch primitiv denkt und meint, er müsse alle anderen verändern, anstatt endlich bei sich selbst zu beginnen. »Millionen von Menschen zu verändern dauert ewig, sich selbst zu ändern bedarf jedoch nur einiger Gedanken.« Wenn jeder für sich so denkt und danach handelt, ist das Unmögliche in wenigen Augenblicken vollbracht. Das klingt alles recht logisch, doch betrachten wir in diesem Zusammenhang, wie nur ein einziger Punkt diese Traumvorstellung zunichte macht. Das beste Beispiel sind die Großmächte auf dieser Welt. Alle haben längst eingesehen, daß es einfach wäre, einen dauernden Frieden auf dieser Welt zu schaffen. Doch der Stolz verhindert diese Möglichkeiten. Man hat einmal einen Standpunkt dargelegt und kann nun nicht einfach eingestehen, daß die Worte, die vor einigen Jahren gesagt wurden, Unsinn waren. Man sollte eben nie »nie« sagen. Dieser Stolz lebt in uns allen, und die Unfähigkeit, Fehler eingestehen zu können, verhindert den Fortschritt. Aus diesem Grund entwickelt sich der Mensch langsam, die Technik jedoch rasend schnell. Dort weiß man, daß die Erkenntnisse, die man gefunden hat, schon morgen veraltet sein werden. Unsere Eltern zeigen die Grenze der Entwicklungsfähigkeit deutlich auf. Irgendwann ist man der äußeren Weiterentwicklung nicht mehr gewachsen, weil die eigene Entwicklung durch festgelegte Denkweisen verhindert wird. Der ewige Generationskonflikt ist ein Zeichen der fehlenden Entwicklungsfähigkeit und andererseits auch der Beweis, daß man mit der Erziehung nur wenig erreicht.

Wir sind mehr als nur eine hohle Hülle mit vermitteltem Wissen. Wenn wir von älteren Menschen Ratschläge bekommen, dann befolgen wir diese in der Regel nicht. Würden wir unser Wissen nur durch Lernen und Vermitteln erhalten, dann müßte die Beziehung Eltern und Kind besser sein.

Gehen wir davon aus, daß wir alle die ganze Geschichte des Lebens in uns tragen, so beginnen wir auch immer wieder an einem ganz bestimmten Punkt. Unsere weiteren Handlungen sind also davon abhängig, was in uns verborgen liegt. Nur unter diesem Gesichtspunkt wird klar, warum wir letztlich einen eigenen Lebensweg einschlagen. Wir könnten ganz einfach die schöne Firma des Vaters übernehmen und dann in Sicherheit und Zufriedenheit unser Dasein fristen. Da wir nicht so handeln, soll das nicht bedeuten, daß wir später nicht die Vorzüge dieses Weges erkennen würden. Doch im Moment der Entscheidung wählen wir möglicherweise einen schwereren Weg, der aber irgendwie zu uns paßt. Ich selbst habe das erlebt und muß sagen, daß trotz aller Schwierigkeiten dieser Weg für mich richtig war. Von Seiten meiner Eltern war hier überhaupt nichts vorhanden. Viele Menschen, die mich kennen, sagen, daß sie nie geglaubt hätten, daß ich mich mal mit diesen Dingen beschäftigen würde. Möglicherweise meinte man, daß dazu eine ganz besondere Art nötig wäre: etwas vergeistigt und verschroben. Daß ich letztlich diesen Weg gegangen bin, ist für mich ein sicheres Zeichen, daß meine Vorstellungen in diese Welt passen. Doch das zu beurteilen, will ich Ihnen überlassen.

Mancher wird nun glauben, daß der Mensch möglicherweise Angst vor Mäusen hat, weil er vor einigen hundert Jahren durch eine Seuche dahingerafft wurde. Doch das sehe ich anders. Es handelt sich bei diesen Ängsten nicht um Vererbung oder um Einflüsse aus vergangenen Leben, sondern um Glaubensformen, die von den Eltern oder anderen Menschen an uns weitergegeben werden. Eine solche Angst ist immer in diesem Leben entstanden. Es ist auch klar, daß man kaum einen direkten Zugang herstellen kann, der die Maus als Täter entlarvt. Ist man in einem früheren Leben erstochen worden, dann besteht schon eher die Wahrscheinlichkeit, daß man sich daran erinnern kann.

Auch der christliche Glaube wird schon in frühester Jugend bei den meisten Menschen verankert. In der Schule beginnt man rechtzeitig, das nachzuholen, was die Eltern noch nicht verkündet haben. Wir glauben, daß unsere gesellschaftlichen Formen modern sind, aber wenn man sich die Arbeit macht, etwas in der Heiligen Schrift herumzustöbern, dann bemerkt man erst, wie groß der Einfluß dieser Glaubensform in uns überhaupt ist.

Die Frau ist, wenn man nachliest, nicht durch die sogenannte Männerwelt zu etwas Unreinem gemacht worden, sondern durch die christlichen Verkündigungen. Ebenso ist schon dort verankert, daß die Frau weniger als nichts taugt. Genaue Anweisungen, wie sich Frauen zu verhalten haben, wenn sie entweder einen Jungen, was zum Vorteil ist, oder eben nur ein Mädchen geboren haben, sind in der Heiligen Schrift nachzulesen und kennzeichnen die Rolle der Frau noch heute.

Auch wird klar ausgesagt, daß Gerichte mit Gottes Willen bestehen und der, der sich der Obrigkeit nicht unterordnet, durch die Gerichte verurteilt wird. Es wird auch klar gesagt, daß die Mächtigen Recht haben und daß das so ist, weil Gott diese Welt so eingerichtet hat. Auch soll er diejenigen, die er liebt, besonders hart bestrafen. Es liegt der Verdacht nahe, daß man damals bereits bemerkt hatte, daß es mehr einbringt, wenn man sich auf die Seite der Mächtigen stellt.

Es gibt noch viele Variationen der suggestiven Beeinflussung von Menschen durch die Kirche. Besonders derjenige, der sich täglich mit der Suggestion beschäftigt, bemerkt, mit welch ausgeklügeltem System hier Massen gläubig gemacht wurden. Mancher Werbeleiter wäre dankbar, wenn er dermaßen dreist loslegen dürfte. Überall sehen wir die Zeichen dieser Glaubensgemeinschaft, und die großen Bauwerke zeugen von der Absicht, hier dem Glauben an sich ein Denkmal setzen zu wollen. Alles, was man für den Glauben geschrieben und festgehalten hat, sind Verbote. Die wenigen positiven Aussagen umfassen nicht einmal ein Prozent der Schriften. Auch hier wurde mit dem Mittel der Abschreckung die Hauptwirkung erzielt. Letztlich steht Gott als Bedrohung, die man um Vergebung bitten muß, im Hintergrund wie eine scharfe Waffe. Dazu war es sehr wichtig, daß man diesen Gott niemals sehen kann. Denn was wäre, wenn wir Gott einfach einschätzen könnten wie unseren Nachbarn? Den Teufel hingegen dürfen wir schon erkennen. Wen wir auch verdächtigen, es ist egal. Früher Verbrennungen, heute Rufmord.

Man kann meinen, daß hier absichtlich eine bestimmte Form der Volksraison entwickelt wurde, die Fürsten und Könige überdauern konnte. Auch wenn wir meinen, den primitiven Glauben anderer Völker erkennen zu können, so fehlt uns in eigenen Belangen der nötige kritische Weitblick.

Wir lächeln, wenn unsere Jugendlichen irgendwelchen Glaubensformen nachhängen, aber mit welchem Recht? Die billige Ausrede, man wäre nur Diener einer unsichtbaren Macht, zeigt sich auch in anderen Bereichen. Es zeugt von der fehlenden Bibelfestigkeit dieser Christen, wenn es heute möglich ist, daß Wahrsager in Anspruch nehmen, ihre Gabe von Gott zu haben. Man kann nachlesen, daß gerade Dinge wie Hellsehen und Anrufen von Toten für den Christen eine Versündigung sind. So, wie man hier die Heilige Schrift für sich nutzt, so blauäugig legen auch die Kirchen den Glauben für sich aus. Wenn man also ganz streng in dieser Sache denken würde, dann wundert es einen, daß der Herrgott noch nicht dazwischengeschlagen hat. Doch Gott ist gütig. Oder ist es gar so, daß Rom selbst erkannt hat, wie geduldig Papier ist? Auch hier zeigt sich wieder, daß gerade der Feigling der beste Christ ist. Nach dem Motto, es kann nichts schaden zu beichten, bekommt er wieder einmal eine Rechtfertigung mehr in die Hand. Ich persönlich lasse es darauf ankommen, ob ich vor dem Jüngsten Gericht bestehen kann. Waren meine Worte gar Gotteslästerung, dann werde ich bestimmt meine gerechte Strafe bekommen. Ich werde nicht einmal versuchen, wegzulaufen. Auch vermeide ich es, mich zu vermummen.

Es gibt aber auch ganz andere Glaubensformen, die nach unseren christlichen Vorstellungen »falsch« sind, obwohl nicht einmal erwiesen ist, wie »richtig« unser Glaube ist. Es werden übrigens in allen Glaubensformen nach dem gleichen Schema Menschen wiedergeboren. In dieser Sache scheint es zumindest egal zu sein, welchem Aberglauben man anhängt. Es ist auch nicht zu beobachten, daß die Menschen, die dem »richtigen« Glauben angehören, zu einem höheren Wesen aufsteigen. Selbst die Hochburgen der verschiedenen Glaubensrichtungen sind von der Normalität des Lebens gekennzeichnet. Nichts deutet darauf hin, daß hier irgendwo wirklich ein geistiger Ruck durch ein Land gegangen wäre.

Diese vielen Punkte fallen natürlich auch immer mehr Menschen auf, was doch von einer gewissen Weiterentwicklung auf dieser Erde zeugt. Auch ist es offensichtlich, daß die Bekehrung anderer Völker diesen nicht unbedingt Vorteile gebracht hat. Mancher Eingeborene war vor der Verkündigung bei weitem glücklicher. Aber so ist das eben mit der Einbildung. Wenn einem nicht geglaubt wird, dann muß man eben die richtige Einstellung erkämpfen, wie das Blut zeigt, welches in Glaubenskriegen geflossen ist. Übrigens gibt es kaum einen anderen Glauben, an dem so viel Blut klebt, wie das Christentum. Wir haben aber schon rechtzeitig gelernt, was Glaube ist und können daher auch ruhig schlafen.

Ich schreibe das nicht, um unbedingt weitere Diskussionen anzuregen, die letztlich zu nichts führen, sondern um Ihnen klarzumachen, wie der Mensch eigentlich funktioniert. All diese Hinweise sind wichtig, wenn man verstehen will. Der Mensch ist ein sehr biologisch bestimmtes Wesen. Dabei ist es noch nicht ganz klar, ob die Entstehung der Intelligenz ein Wunder oder ein großes Unglück war.

Die Hoffnung der Menschen, irgendwann zu einer Erkenntnis zu gelangen, ist recht unwahrscheinlich. Möglicherweise sind es einige wenige, die dann verdammt werden, aber seien wir ehrlich: Wer von uns würde den Messias erkennen? Ratlosigkeit? Ich meine, dies ist kennzeichnend für unseren Glauben.

Das ist auch der Grund, warum immer mehr Menschen versuchen, an sich selbst zu glauben. Einigen ist es schon gelungen, und erstaunlich dabei ist, daß diese Menschen auch nicht schlechter sind als andere. Eher lebensfähiger. Mir gefällt ein Ausspruch sehr gut: »Gott ist in uns.« Genau dieser Satz trifft ins Schwarze. Würde man etwas weiter gehen, dann könnte man auch sagen, daß jeder Mensch auch Gott ist. Gott aber ist nur so gut, wie der Mensch, der ihn verkörpert. Darum sollten wir mehr an uns arbeiten und nicht immer die Hände gen Himmel richten und flehen. Es gibt ein wirksames Mittel, um weiterzukommen: Man sollte sich regelmäßig in den Hintern treten.

Alle unsere Ängste sind durch das Umfeld entstanden, in dem wir leben. Doch auch ein anderes Moment ist entscheidend. Wie fruchtbar ist der Boden, auf den die Angst fällt? Hier liegt der entscheidende Punkt. Diese Veranlagung ist von unserer geistigen Struktur abhängig. Man kann annehmen, daß diese Struktur mit der Geschichte in uns zusammenhängt. Kurz gesagt, die Form der Angst ist abhängig von unseren Erfahrungen, aber der Boden, auf dem Angst wächst, ist alt und verändert sich, je nachdem, wie wir mit der Angst fertig werden. Die Angst ist über die Zeit gewachsen. Immerhin sind in uns viele Erinnerungen verborgen. Dabei treten bestimmte Ängste besonders leicht auf, weil sie unbewußt bereits bekannt sind.

Das Kleinkind jedoch wird noch ganz andere Ängste empfinden als ein dreijähriges Kind. Im Alter von ca. drei bis neun Jahren treten ganz verstärkt Ängste auf, die uns unerklärlich erscheinen. Diese Ängste sind nach unserer Feststellung nicht begründet und scheinen aus der Phantasie zu entstehen. Es handelt sich um das gleiche Alter, in dem verstärkt auch Erinnerungen an frühere Existenzen auftreten können. Stevenson berichtete bereits von solchen Ereignissen. Es liegt der Verdacht nahe, daß in diesem Alter ein wichtiger Abschnitt für die geistige Entwicklung liegt. Hier werden erstmals massiv die Einflüsse von möglicherweise weit zurückliegenden Erinnerungen sichtbar, die den weiteren Lebensweg eines Menschen prägen. Viele Eltern haben schon beobachten können, daß Kinder in diesem Alter eine unvorhersehbare Veränderung durchmachen, die auch nicht durch Erziehung gebremst werden kann. Man kann vielfach deutlich sehen, daß hier die Weichen für ein ganzes Leben gestellt werden. Erstmals erscheint dieser junge Mensch auch unter dem Aspekt einer gewissen Altklugheit, die man anfangs noch lustig findet, aber später als unabänderlich »ertragen« muß.

Diese Ängste vor Dunkelheit und auch die Träume von schauerlichen Begebenheiten haben vielfach keinen ersichtlichen Auslöser. Es werden Dinge geschildert, die sich in diesem Leben niemals so zugetragen haben. Man kann diese Ängste nicht einfach der Phantasie zuschreiben, das wäre zu einfach. Ich habe in Gesprächen mit Eltern herausgefunden, daß Kinder, die sonst nur wenig Phantasie zeigten, auch nicht von diesen Zuständen verschont wurden. Das hat mich auf die Idee gebracht, einen Zusammenhang mit Erinnerungen an frühere Leben herzustellen. Dann habe ich drei Fälle untersucht, wo sich Versuchspersonen an solche ganz bezeichnenden Kindheitsträume erinnerten. Tatsächlich stellte sich bei der Rückführung heraus, daß es sich in zwei Fällen um Erinnerungen aus einem früheren Leben handelte. Unter diesem Aspekt erscheint die Angst in einem anderen Licht.

Therapeuten wissen, daß der Hauptgrund bei psychischen Problemen in der Angst zu suchen ist. Dabei wird versucht, die Ängste zu ergründen. Gerade hier kann auch die Untersuchung der früheren Leben hilfreich sein. Man wird sich jedoch der Angst stellen müssen, denn nur so ist eine positive Veränderung wirklich erreichbar. Dabei gerät man manchmal an Grenzen, wenn die Angst durch Glauben hervorgerufen wurde. So gibt es viele Fälle, in denen die Angst vor Sexualität durch zu strenge Auslegung des christlichen Glaubens entstanden ist. Es gibt Glaubensformen, die die Gläubigen zwingen, nur unter dem Schutz der Bettdecke der sexuellen Erlebnisse zu fröhnen. In Persien z. B. ist das so. Doch verkennen wir auch nicht den Schaden, der in unserer Glaubensform angerichtet wird. Mädchen fühlen sich unsauber und wertlos, und Jungen entwickeln sich zu Versagern, weil sie nicht reinen Gewissens den logischen Bedürfnissen nachgehen können. Gerade in sehr christlichen Familien wird durch das strikte Praktizieren des Glaubens auch Versagen herangezüchtet. Unter dem Deckmantel der Unehrlichkeit und Heuchelei duldet man in diesen Familien aber auch Dinge, die sonst tabu sind. Die gute Beziehung zum Herrgott macht auch Sünder.

Je kleingeistiger ein Glaube angewendet wird, um so mehr Lüge begleitet ihn. Heuchelei ist der Stoff, aus dem Glaubensdummheit gemacht ist. Ich persönlich sehe keinen Grund, warum ich einem wildfremden Menschen, verborgen unter einer Kutte, meine kleinen oder großen Sünden beichten sollte. Ich begebe mich dadurch nur in eine Abhängigkeit des Predigers und habe keinerlei Sicherheit, ob es ihm nicht letztlich Vergnügen bereitet, über meine naive Dummheit zu lächeln.

Lächeln kann hier ein kleines Stichwort sein, um die Ehrlichkeit des Menschen darzustellen. Bekanntlich lächelt der Lügner und Heuchler ausgiebig bei jedem Satz. Das dauernde Ringen der Hände aber stellt einen Kampf dar, der sich im Menschen abspielt. Wenn ich manchen Priester betrachte, dann vereinigt mancher beide Elemente recht vollkommen in sich. Auch stellte ich häufig fest, daß die Art der Ausdrucksweise nicht von Überzeugung, sondern von einem schlechten Gewissen geprägt ist. Wer ehrlich ist, benötigt nicht eine so verworrene Körpersprache. Wie ansteckend diese Heuchelei ist, zeigt sich bei manchen Menschen wieder. Voller Probleme und verklemmt fristen sie ihr Dasein. Die größte Strafe, die von Gott kommt, ist die verordnete Verklemmtheit. Immer reglementiert die Kirche den kleinen Mann, dem Staat hingegen redet sie nach dem Maul. Ein solcher Glaube ist Zeitverschwendung und gehört nicht in diese Zeit. Wieviele Ängste durch diesen Glauben entstehen, ist kaum abzusehen. Es zeigt sich aber in der Praxis ein recht deutlicher Trend, daß hier Welten aufeinandertreffen, die der Einzelne möglicherweise nicht zu entschlüsseln vermag. Alle verwerflichen Dinge waren unter dem Deckmantel der Kirche ausgiebig verbreitet, Blutschande an der Tagesordnung. Unsere moderne Welt, die den Luxus auch dem kleinen Mann zugänglich macht, hat zumindest erreicht, daß solche Fälle eher die Ausnahme sind. Die Freiheit hat hier weniger Schaden angerichtet als Verbote. Gerade in den Partnerschaften zeigt sich das positiv, und wenigstens einige Menschen haben erstmals in der Menschheitsgeschichte die Möglichkeit, wirklich glücklich zu werden. Reichtum ist eine feinere Lebensart und straft die Prediger Lügen, die meinen, daß ein Leben in Buße und Armut besser sei. Wenn der Mensch nun noch lernt, mehr Verantwortung für sein Leben zu übernehmen und aktiv für sein Glück einzustehen, dann haben wir schon eine höhere Lebensform erreicht. Nicht alles, was alt ist, muß auch gut sein. Der Glaube an »sich selbst« ist möglicherweise der Beginn in eine ganz neue und bessere Richtung. Welcher geistige Fortschritt wäre möglich gewesen, wenn man nicht immer wieder mit der Angst der Menschen gespielt hätte? Der wunde Punkt des Menschen ist nun einmal die Angst. Mit ihr spielen Versicherungsvertreter ebenso wie die Kirchen. Ganze Zeitungen leben davon und selbst unsere Kinder werden noch mit diesem Mittel der Primitivität erzogen. Dabei kennen wir doch längst die Tatsache, daß immer das eintrifft, wovor wir Angst haben. Schon aus diesem Grund ist es unsere Aufgabe, die Angstmacherei zu beenden und mit logischen Erklärungen die Menschen darauf vorzubereiten, etwas zu ändern. Ich kann nicht glauben, daß der Mensch so unmündig ist, wie er von überheblichen Institutionen immer dargestellt wird. Verändern können wir nur etwas, wenn wir in Zukunft darauf verzichten, schon unseren Kindern mit Märchen zu drohen. Kinder sind Menschen, Menschen waren Kinder. Erwachsenen ist aber kaum mehr zu helfen, wenn man ihnen in jungen Jahren mit erfundenen Märchen die Angst als einziges Begleitpaket auf den Rücken geschnürt hat.

Unmengen an Kosten entstehen, um später diesen Blödsinn zu bekämpfen. Die Depression wird sich weiter ausbreiten, wenn man den Menschen nicht begreiflich macht, daß die meisten Ängste durch falschen Glauben entstehen. Dr. Josef Murphy hat vielen Menschen den Blick für den richtigen Weg geöffnet, und ich kann nur hoffen, daß Sie diesen Namen kennen, oder besser noch, daß Sie seine Bücher gelesen haben. Im Zusammenhang mit seinen Aussagen erscheint unser Glaube in einem positiven Licht, und ich muß gestehen, daß es mir leicht fällt, unseren Glauben an Gott so anzuerkennen. Es steht für mich außer Frage, daß der Glaube an Gott positiv ist, denn er ist ein Hilfsglaube für die Menschen, die es nicht schaffen, aus eigenem Antrieb im Leben weiterzukommen. Doch Angst müssen wir vor Gott nicht haben und schon gar nicht vor dem Jüngsten Gericht. Es gibt nichts, was dem Menschen nicht geschehen kann, und seine Gedanken sind menschlich. Begierde gab es schon immer und auch Neid. Vollkommen waren wir noch nie, und deshalb glaube ich nicht, daß man als Mensch dafür verurteilt werden kann, daß man nur Mensch war. Dieses Gericht wäre arbeitslos. Es gibt einen Zustand, in dem wir wie in einer anderen Form existieren, aber dieses Los ist für alle gleich. Der Lebensweg des Einzelnen jedoch ist geprägt von der Art, wie er früher gelebt hat. Es ist nicht das Problem, es Gott recht zu machen, sondern sich selbst. Und mit dieser Erkenntnis läßt sich schon jetzt verantwortungsvoll die Weiche für die Zukunft stellen. Wer sich nicht wäscht, wird irgendwann stinken. So ist es auch mit unseren Gedanken. Die roten Flecken in unserem Denken und Tun sind keine Krankheit, sondern fehlende Verantwortung und Hygiene. Wenn Ihnen also alles »stinkt«, dann wird es Zeit, daß Sie mal kräftig durchlüften in Ihrem Oberstübchen. Aber es soll Leute geben, die lieber erstunken sind als erfroren. Es ist also Ihre Entscheidung, ob Sie von Angstmacherei abhängig sind oder nicht. Wenn Sie feige und kraftlos in der Ecke liegen, dann bleibt Ihnen leider nur der Glaube an Gott. Wollen wir sehen, ob er Ihnen die Erfüllung bringt. Ich wage das zu bezweifeln.

Angst kennzeichnet Ihr Denken und Handeln. Um Angst zu bekämpfen, müssen Sie sich Ihrer Leistungsfähigkeit wieder bewußt werden. Angst ist eine Herausforderung an den Menschen, sich im Kampf gegen diesen Feind unserer Gedanken zu behaupten. Wer den Kampf gewinnt, der erhält das schönste Geschenk überhaupt:

FREIHEIT!

Siegt aber der Zweifel, dann gehen Sie einen Weg in die Finsternis! Sie allein bestimmen, wohin Ihre Reise gehen soll. Denken Sie nach. Sie werden schnell bemerken, was Sie schon morgen tun sollten! Entscheiden Sie sich endlich für Ihre Zukunft. Schieben Sie das nicht länger hinaus, denn jeden Tag haben Sie etwas weniger Kraft für Ihre Zukunft zur Verfügung, und doch ist es nie zu spät, diesen Entschluß zu fassen. Jeder Tag in *Freiheit* wiegt die Vergangenheit tausendfach auf.

10

Der Mensch als Universum

Wissenschaftler erforschen den Weltraum und versuchen, durch diese aufwendigen Unternehmungen auch etwas über die Existenz des Menschen zu erfahren. Der Energiebedarf ist gewaltig. Doch auch wenn man in die kleinsten Teile auf unserer Erde eindringen will, ist der Aufwand an Energie unvorstellbar groß. Je kleiner die gesuchten Teilchen sind, um so mehr Energie ist auch für diese Reise nötig. Die Ergebnisse werden ähnlich sein.

Wenn man den Menschen als ein kosmisches System sieht, fällt auf, daß die Vorgänge auf unserer Erde auch auf das Zusammenwirken der menschlichen Teilchen zutreffen. Wie bei allem auf unserer Erde, gibt es auch beim Menschen ein Werden und Vergehen. Viele biologische Zusammenhänge sind schon entdeckt worden. Doch es wird immer schwerer, in die wirklichen Geheimnisse unseres Lebens einzudringen. Man spricht den Tieren eine dem Menschen ähnliche Intelligenz ab. Doch auch hier ist die Betrachtungsweise voreilig, wie in so vielen anderen Fällen.

Bei den Rückführungen stellte sich jedenfalls heraus, daß keiner meiner Untersuchten sich an ein Leben als Tier erinnern konnte. Es scheint also doch einen Unterschied zwischen dem Geist des Menschen und dem tierischen »Geist« zu geben. Eine Vermischung aber ist auszuschließen. Da man immer der Meinung war, daß Geist sich auf eine höhere Ebene begibt und dort auf das nächste Leben wartet, war es schon aus Platzgründen unwahrscheinlich, daß das Tier einen Geist oder eine

Seele habe. Man mußte davon ausgehen, daß dann auch jedes Insekt einen Geist abgeben würde, der irgendwo im Himmel »gelagert« werden müßte. Diese Möglichkeit nahm man nur für den Menschen an. Doch wo ist dieser Platz, wo sich der Geist nach dem Tode aufhält? Kann man Geist sehen oder anfassen, oder ist Geist etwas, was unserer Forschung nicht zugänglich ist?

Wenn man betrachtet, was alles schon erforscht wurde, so hätte man das vorher nie zu denken gewagt. Es zeichnet sich eine Entwicklung ab, daß mit zunehmenden technischen Möglichkeiten auch die letzten Geheimnisse erklärt werden können. Es ist nicht ausgeschlossen, daß man eines Tages den Geist des Menschen sichtbar und somit auch begreifbar machen kann. Ich bin aufgrund meiner Untersuchungen fast sicher, daß wir das Geheimnis Geist nur im Menschen selbst finden werden. Man wird weder ein höheres Wesen entdecken, welches schützend die Hand auf den Geist des Verstorbenen legt, noch werden wir im Weltraum umherirrende Geister finden. Die Lösung liegt in uns allen. Hautnah und fühlbar.

Die Erklärungen der zurückliegenden Jahre sind nicht aufrecht zu halten. Der Glaube, daß wir in den Himmel oder in die Hölle kommen, ist ein wirkungsvolles Märchen, wie der Weihnachtsmann. Diese Vorstellungen kommen aus einer Zeit, in der die Kreativität des Menschen viel stärker ausgeprägt war als in unserer Zeit. Es gab damals kaum logische Erklärungen für die Vorgänge rund um den Menschen. Diese Geschichten, die den frühen Glauben berühren, sind leider, aber auch glücklicherweise überholt. Der natürliche Feind der Kirchen ist die Wissenschaft geworden. Es halten sich heute nur noch die Spekulationen, die man nicht mit Gegenbeweisen entkräften konnte. Mit dem Generationswechsel vollzieht sich auch eine zunehmende Abkehr von den Glaubensformen der Frühzeit. Dagegen haben neue Götter Konjunktur, die sich nur auf Mystik oder auf unbewiesene Behauptungen stützen können. Unmodern geworden durch das ewige Predigen alter Weisheiten, gerät die Kirche ins Hintertreffen. In unserer Zeit wird eher Freizügigkeit als Glaube anerkannt als moralisch wichtige

Einstellungen. Hat die Kirche richtige moralische Verhaltensregeln entwickelt, so werden sie hauptsächlich durch die Christengeschichte selbst entkräftet. Der moderne Mensch mit seiner hohen Wissensgrundlage kann und will nicht Märchen lauschen, sondern verlangt nach sensationellen Beweisen. Und an diesen Beweisen hat es eben immer gefehlt. Sich dem Glauben zu verschreiben, ist ein Beruf wie jeder andere. Zudem bietet er viel Sicherheit und ein geregeltes Auskommen. Arbeitslose Priester sind kaum ein Thema. Man ist in einer Denkweise und Organisation sicher untergebracht. Doch auch hier nagt schon der Geldmangel, denn es gibt immer weniger Gläubige, die zahlen wollen. Aus der Sicht des Managers muß man sagen, daß das Produkt Kirche nicht mit der Entwicklung schrittgehalten hat. Dieses Buch ist nicht der endgültige Beweis für die Existenz des Geistes, aber es wird bewirken, daß Wissenschaftler künftig auf diesem Gebiet weiterforschen. Es gibt eine Lösung! Sie ist einfach und genial, direkt in uns verborgen.

Seit ewigen Zeiten hat der Mensch das Gefühl einer engen Verbindung zu seinen Toten. Bei allem Fortschritt befällt uns immer noch ein eigenartiges Gefühl, wenn wir auf einen Friedhof gehen. Irgendetwas geht von diesem Ort aus. Warum wir unsere Verstorbenen besuchen, ist nicht genau geklärt. Ist es aus dem Grund, daß man es eben macht, oder ist es einfach das Gefühl, dort mit dem Toten in eine engere Verbindung zu treten? Ich habe in Gesprächen herausgefunden, daß Angehörige, die nach einigen Jahren Kinder bekommen haben, den Toten nicht mehr so oft besuchen. Irgendwie hat dieser Drang nachgelassen. Das war nicht so, wenn der Kindersegen ausblieb oder aber schon Kinder vorhanden waren. Man könnte annehmen, daß das eigene Kind Ersatz für den verlorenen Angehörigen ist.

Die direkteste Methode, mit dem Verstorbenen zusammen zu sein, wurde von den Kannibalen entdeckt. Man war der Meinung, die Kraft des Verspeisten würde auf einen selbst übergehen. Sogar heute noch gibt es Völker, die die Asche der Verstorbenen den Nahrungsmitteln beimischen. Für uns hört sich das makaber an, doch wir wollen auch versuchen, den

Hintergrund zu begreifen. Man ist dort der Meinung, daß der Verstorbene so die Möglichkeit bekommt, weiterzuleben. Ein Irrtum einiger Naturvölker? Einerseits ja, andererseits nein. Genaugenommen ist dieser Irrtum den Tatsachen näher als die Geschichten über den Himmel.

Man geht hier nach einem Gefühl, das möglicherweise in der Natur des Menschen liegt und auch der Arterhaltung dienen soll. Es ist kaum anzunehmen, daß die Naturvölker darüber logisch nachgedacht haben. Eine Art Instinkt ist es, der sie leitet. Also, was ist nun mit den Toten? Müssen wir auf den Friedhof oder nicht? Eine schwere Frage. Unlogisch ist es schon, denn wir fliegen täglich mit Flugzeugen, die uns in den Himmel führen und haben kaum das Gefühl, dem Verstorbenen näher zu sein. Selbst die Raumflüge haben nicht ergeben, daß man das Gefühl bekommt, dem Geheimnis Himmel näher zu sein. Eher kommt ein komisches Gefühl beim Betrachten unserer kleinen Erde auf. Von dort oben könnte man eher das Gefühl haben, alles auf dieser Kugel sei verborgen. Auch ist jeder Flug von der Erde weg mit der Sehnsucht verbunden, dort wieder anzukommen.

Menschen, die schon klinisch tot waren, oder die in Hypnose einen Sterbevorgang beschreiben, sind sich einig: Das Jenseits ist ein angenehmer Ort, voller Licht und Wärme.

Es gibt ein Gefühl der Verbindung zu den Toten. Viele Menschen meinen, daß man nach dem Tod eines Angehörigen immer irgendwie das eigene Denken verändert. Es scheint, als hätte ein gewisser Alterungsprozeß stattgefunden und man trägt etwas in sich, das den Gang schwerer macht. Selbst wenn man den Geliebten verloren hat und nach einigen Jahren beginnt, eine neue Beziehung aufzubauen, hat man das Gefühl, als werde man beobachtet. Nun kann man logischerweise sagen, daß man sein Gewissen spürt. Aber wir beweisen im täglichen Leben in genügend Situationen wenig dieses Gewissen.

Selbst absolute Logiker stoßen in der geschilderten Situation auf einen Punkt, der sie belastet. Man liegt mit dem neuen Partner im Bett und hat das Gefühl, als würde man etwas

Unrechtes tun. Dieses Gefühl führt bei einigen Menschen dazu, auf weitere Beziehungen zu verzichten. Es vergehen Jahre und das Gefühl läßt sich nur schwer abschütteln.

Was spricht gegen ein Vergessen des Toten? Wir haben Freunde zum Teufel gejagt und Beziehungen abgebrochen, die manchmal mehr von Liebe geprägt waren, als das Verhältnis zu manchen Verstorbenen. Und doch diese Anteilnahme? Warum werfen wir nicht einfach den Toten auf den Müll wie alles andere aus unserem täglichen Leben? Er ist doch tot, und daran kann keiner etwas ändern, oder? Unbehagen kommt bei diesem Gedanken auf. Das würde sich nur ein Mörder oder Geisteskranker zutrauen. Verdammt, was ist los mit uns, warum können wir hier nicht logisch handeln? Oder ist es etwa doch logisch, den Toten zu besuchen?

Ich bin sicher, daß wir gar nicht anders handeln können! Stimmen aus dem Jenseits oder Stimmen aus uns? Es werfen sich immer mehr Fragen auf. Liegt es möglicherweise daran, daß wir uns im klaren sind, daß auch uns der Tod ereilen wird. Haben wir daher so viel Respekt vor den Toten? Reine Erziehungssache also?

Möglicherweise haben Sie jetzt auch das Gefühl, daß in uns ein Geheimnis verborgen ist und das Universum näher ist als wir denken. Der Mensch als eigene kleine Welt mit all den Vergänglichkeiten. Jeder Teil unseres Körpers ist in Bewegung und unterliegt einem Kreislauf. Wie Planeten im All scheint alles irgendwie voneinander abhängig zu sein. Ein Stören dieser Harmonie führt zur Zerstörung des Lebens. Solange dieses System automatisch schwingt, ist der Idealzustand gegeben, kommt jedoch die Intelligenz mit ins Spiel, beginnt die Zerstörung. Intelligente Zellen wuchern dahin, Gedanken machen krank. Ist die Intelligenz letztlich ein Unglück? Sind es nicht gerade die hochgeistigen Menschen, die sich selbst mit ihren Grübeleien zu Grunde richten? Ist der Dumme da nicht viel besser dran? Intelligenz gleich Wahnsinn?

Diese Überlegungen sind nicht neu. Es gibt ja wirklich genügend Beispiele für die Erkenntnis, daß Intelligenz Probleme aufwirft. Der Mensch ist nicht leicht zu verstehen, wenn man ihn nach seinem Handeln beurteilt. Doch das wollen wir jetzt gar nicht versuchen. Der Mensch als Universum? Das ist eine interessante Frage. Gibt es Hinweise in uns auf die Zusammenhänge des ganzen Sonnensystems? Das mag manchem als etwas weit hergeholt erscheinen, und ich glaube auch, daß der direkte Vergleich nicht haltbar ist. Aber man sollte doch versuchen, ein wenig in diese Richtung zu denken. Wir kennen uns nur als lebensfähiges System aus Organen, mit denen wir unsere Probleme haben oder hatten. Was aber sind denn die kleinsten Teilchen in uns? Wir kennen sie noch nicht. Die Wissenschaftler bekommen nach und nach neue Erkenntnisse, die auch auf den Menschen anwendbar sind, aber den Stein des Weisen zu finden, dazu reicht ein Forscherleben eben nicht aus. Dabei ist es so wichtig, gerade die kleinsten Elemente in uns zu kennen, um die eigentliche Funktion des Menschen wirklich zu begreifen. Wir sind uns selbst noch ein Rätsel. Es wird klar, daß die Forschungen, egal ob sie auf die entferntesten Planeten oder die kleinsten Teilchen gerichtet sind, gleichschnell vorankommen. Genaugenommen ist auch der Mensch ein Universum, mit seinen vielen zusammenhängenden Funktionen.

Gerade das Gebiet der Wirkung unserer Gedanken ist noch wenig erforscht. Hier liegt die Erklärung für so vieles, was den Menschen betrifft. Seine Weiterentwicklung bringt ihm immer neue Probleme, denn je einfacher die geistige Funktion ist, umso weniger anfällig ist das Lebewesen psychisch. Man könnte die Gedanken mit jenem höheren Wesen vergleichen, welches uns angeblich leiten soll. Dabei fällt auf, daß wir ein Lebewesen sind, welches sich seine Intelligenz nicht erklären kann. Da muß es etwas geben, das uns das alles tun läßt. Natürlich wäre das eine schöne Erklärung für unser Denken und Handeln. Doch gerade hierfür gibt es keine Beweise, sondern nur Geschichten, die wir glauben können oder nicht. Gott ist nicht zum Anfassen, auch wenn das einige Menschen behaupten. Die wichtigsten Fragen sind nicht geklärt. Was ist er? Wo ist er? Was bewirkt er? Natürlich würde mir ein bibelfester Mensch sehr schnell erklären, wo das geschrieben steht.

Doch der Beweis ist nicht da. Das ist der Grund, warum der Mensch bei diesen Glaubensformen immer wieder von Zweifeln geplagt wird. Schon in der Kindheit werden wir systematisch auf den Glauben vorbereitet, und wenn wir älter werden, dann stellt sich heraus, daß der Weihnachtsmann nur Papa ist. Haben wir Angst, weil uns die Sünde immer angedichtet wurde? Ist es die Angst des Kindes, möglicherweise nur die Rute zu bekommen? Das alles wäre ja noch tragbar, wenn man aber dann noch hört, daß der Mensch ein Sünder ist und seine Sünden ihm vorweg durch den Tod von Jesus am Kreuz vergeben sind, dann erklärt sich manches Verhalten von Christen. Irgendwie finde ich hier nicht die Erklärung für alles, was auf dieser Welt vorgeht. Selbstverständlich werden wir im möglichen nächsten Krieg alle beten, denn sicher ist sicher, aber was ist mit dem Hier und Heute?

Meine Untersuchungen zeigten, daß »Gott« keinen Unterschied macht, ob man gebeichtet hat oder nicht. Auch die Menschen, die im früheren Leben nicht gottesgläubig waren, haben nach dem Tod die gleiche Reise unternommen wie ihre Mitmenschen. Sogar Mörder kamen ins Licht. Licht ist für alle da. Darüber können auch unbestimmte Interpretationen von Menschen nicht hinwegtäuschen, die schon klinisch tot waren und dann meinten, Gott gesehen zu haben. Viele dieser Gedankenmodelle entstehen erst nach dem Erlebnis »Tod« und werden nach der Glaubensrichtung ausgelegt, der man zuneigt.

Wir haben schon gelernt, daß Götter nicht bei einem Gewitter den Menschen mahnen, und Frau Holle keinen Schnee macht. Was ist also für uns faßbar, das die Kirchensteuer rechtfertigt? Ich glaube, daß sie nur für den sozialen Dienst der vielen Pfarrer in unserem Land gedacht sein kann. Was sagt Gott zu den Reisen des Papstes, die doch überhaupt nicht zu den Vorstellungen von Jesus passen wollen? Wenn er doch wenigstens mit einem Rucksack durch die Welt ziehen würde. Viele Gottesdiener würden sicherlich umschulen, wenn sie am Kreuz sterben müßten.

Doch diese Gesichtspunkte möchte ich nicht mit in die Betrachtung einbeziehen.

Bei der Analyse, wer und was wir sind, gehen wir von dem momentanen Lebensgefühl aus. Doch gerade das wird uns nicht weiterhelfen. Wir müssen hier eines mit einbeziehen, nämlich die Tatsache, daß wir in uns eine lange Lebensgeschichte tragen. Das bedeutet, daß uns Zeiten, die wir aus den Geschichtsbüchern kennen, nicht fremd sind. Dieses verborgene Wissen geht noch weiter als nur in die Steinzeit zurück. Wir müssen uns vorstellen, daß sogar vor dieser Zeit, als wir noch im Meer lebten, Bilder vorhanden sind. Wenn man noch weiter zurückgeht, dann werden es keine Bilder mehr sein, die wir in uns tragen, sondern Informationen, die wir heute nicht mehr erfassen können. Dieser lange Weg war nötig, damit wir uns jetzt im Spiegel erkennen können. Wir sind ein uraltes Lebewesen. Die Zeit, die uns als Menschen kennzeichnet, ist davon nur ein kurzer Moment. In dieser langen Geschichte sind viele Lebewesen ausgestorben, weil sie nicht die Anpassungsfähigkeit des Menschen hatten. Viele andere Tiere sind kleiner geworden, um sich dem Lebensraum anzupassen. Für dieses Aussterben waren meist nur unwichtig erscheinende Faktoren verantwortlich, die dem Menschen unverständlich erscheinen. Deutlicher wird das jedoch, wenn wir unsere Meere betrachten. Hier entstand das Leben und es scheint jetzt so, als würde es hier auch enden. Es gibt viele bedenkliche Entwicklungen auf unserer Erde, aber gerade beim Wasser wird die Katastrophe voll sichtbar. Fische, die sich bis in unsere Zeit gerettet haben, drohen langsam verunstaltet zu sterben. Natürlich ist das für den Menschen selbst nicht so bedrohlich, denn er wird Wege finden, anders weiterzuleben. Überhaupt kann man sich nur eine weltweite Katastrophe vorstellen, die wirklich die Menschheit ausrotten kann. Mit diesem Kapital einer unerklärlichen Stärke lebt der Mensch recht verantwortungslos.

Wenn wir die Welt betrachten, dann sind es nur wenige Menschen, die die Gefahr erkennen, die auf uns zukommt. Ich meine nicht die sichtbare negative Veränderung der Erde, sondern die unsichtbare Zerstörung des Universums in uns. Hier spielen sich in einer Minute so viele Vorgänge ab, daß es Jahre bedarf, das umfassend zu erklären. Die Welt altert langsam, wir aber sind jeder kleinen Veränderung ausgesetzt. Ein Leben ist lang, aber die Weichen für das Ende in uns sind längst gestellt. Zerfall kündigt sich in Form von Wucherungen an, die wie eine Seuche um sich greifen. Nach vielen Skandalen wird klar, was wir seit unserer Kindheit alles gegessen haben. Eltern suchen heute nach Nahrung für die Kinder, die nicht mit irgendwelchen Haltbarkeitsstoffen behandelt sind. Doch man muß auch sehen, daß früher viele Schadstoffe nicht erforscht waren und es nun erst offenbar wird, welchen Feinden der Mensch wirklich ausgesetzt ist. Daß wir recht belastbar sind, kann aber nicht der Grund für ein Verschließen der Augen sein.

Unser Leben ist genaugenommen nur ein chemischer Prozeß. Durch das Zusammenwirken vieler einzelner Bausteine ist Leben möglich. So gesehen scheint der Mensch recht robust zu sein. Doch man muß bedenken, daß gerade Einflüsse auf die chemische Struktur auch das Zusammenspiel der Elemente verändern. Nur aus diesem Grund sind die Umwelteinflüsse so problematisch. Der Mensch hat eine vorteilhafte Einrichtung, die es erlaubt, je nach Bedarf bestimmte Stoffe im Körper zu bilden. Gesteuert wird das nicht durch den Körper selbst, sondern von unserer Rechnerzentrale, dem Gehirn. Hier werden die Strukturen und Zusammensetzungen für den Gegenangriff errechnet und dann entsprechend vom Körper gebildet. Wie eine riesige Apotheke befinden sich in uns Stoffe, die in wunderbarer Weise kombiniert werden können und so zu immer anderen chemischen Substanzen werden. Wir bezeichnen diese Vorgänge als Selbstheilungskräfte. Doch es wäre falsch, zu meinen, daß diese Mittel fertig in irgendwelchen Behältern zur Verfügung stehen. Jede Substanz wird für den individuellen Einsatz gemischt und dann für den bestimmten Zweck wirksam. Nun kann man auch schon erkennen, daß diese Arbeit von unserer Einstellung gestört werden kann oder auch, vorteilhaft unterstützt durch unsere Einstellung, wahre Wunder vollbringt. Gerade diese Tatsache macht den Menschen anfällig für Krankheiten, die aus seelischen Problemen entstehen können. Das beste Beispiel ist das Magengeschwür. Hier hängt die Zusammensetzung und Menge der Verdauungssäfte stark von unserer Lebensweise ab.

Ich beabsichtige nicht, Ihnen in meinem Buch nun alle Zusammenhänge darzustellen, aber einige Beispiele seien erlaubt. Beim angesprochenen Magengeschwür zeigt sich besonders plastisch, welchen Schaden die chemischen Substanzen in falscher Zusammensetzung und Dosis anrichten können. Wenn man pauschal urteilen will, kann man sagen, daß der Mensch sich mit seinen Gedanken zu Grunde richten kann. Chemischer Selbstmord auf Raten. Den Fachleuten auf diesem Gebiet sei gesagt, daß ich hier keinen wissenschaftlichen Anspruch stellen möchte, sondern so einfach wie möglich die Funktionen darstelle. Wenn man die Krankheiten so betrachtet, dann versteht man, daß gerade unsere Gedanken unser Universum durcheinanderbringen. Doch wenn das so ist, dann kann man daraus auch folgern, daß ein positives Eingreifen durch die Gedanken auch etwas bewirken muß. Wenn wir versuchen, mit uns selbst in Einklang zu kommen, so ist das die beste Basis gesund zu leben.

Noch vor Jahren meinte man, daß die Ursachen für Krankheiten im Körper zu suchen sind und begann eine Medizin aufzubauen, die hauptsächlich den Körper behandelt. Die Bemühungen von Freud waren nicht sehr fruchtbar, denn seine Vorstellungen von Psyche sind noch heute recht unverständlich und verworren. Das war mit ein Grund, warum sich die psychische Behandlung so langsam entwickelte. Jung dagegen brachte schon logischere Zusammenhänge zutage, die auch heute noch gültig sind. Und trotzdem blieb die Psyche eines Menschen Fachchinesisch. Gerade der Eindruck, die seelischen Vorgänge seien sehr theoretisch, führte zu einer schleppenden Anwendung dieses Wissens. Es zeigt sich in der Psychiatrie immer noch die Handlungsweise, die vor über 100 Jahren eingeführt wurde. Doch immer mehr Ärzte unterstützen heute die psychische Behandlung des Menschen und langsam scheint sich die Erkenntnis durchzusetzen, daß der Mensch nicht nur einseitig zu behandeln ist.

Die Leistungen der Psychologie steigen langsam an. Doch

gerade hier zeigt sich die Grenze der eigenen Unzulänglichkeit der Therapeuten. Auf keinem Gebiet ist Lebenserfahrung wichtiger als bei der Hilfe für Menschen mit psychischen Problemen. Das Fachwissen ist notwendig, aber eigene Erfahrungen sind unentbehrlich. Erst im Zusammenspiel dieser Faktoren wird der Therapeut zum Vorbild und Wissenden, der wirklich handfeste Hilfe leisten kann. Wenn Sie sich selbst einmal genauer betrachten und aufschreiben, was in Ihnen zur Zeit für Gedanken aktiv sind, dann werden Sie schnell einen Bezug zu Ihrem körperlichen Befinden herstellen können. Eine Operation des Magengeschwürs ist nur der letzte Schritt, der durch rechtzeitiges Eingreifen in Ihre Stimmungslage und psychische Verfassung hätte verhindert werden können.

»In uns geschieht das, was wir denken.«

Wie ein roter Faden ziehen sich unsere Ängste und Probleme durch das ganze Leben. An unserem Gesicht sehen wir den Zustand, der sich in uns breit macht. Nicht der Streß allein ist für Krankheiten wie Herzinfarkt und Verdauungsprobleme verantwortlich, sondern die Einstellung, wie wir unser Leben einschätzen. Dinge, die wir ohne positiven Hintergrund machen müssen, werden negative Spuren hinterlassen. Streß, dem wir uns aber freiwillig aussetzen, weil es Spaß macht, kann auch positiv auf unsere ganze Verfassung wirken. Es kommt also darauf an, wie wir die Dinge sehen.

Hier haben besonders die negativen Berichte in den Medien eine Verschiebung der Stimmungslage bewirkt. Wer sich von den Horrorgeschichten Angst machen läßt, der wird eine schlechte Basis haben, um positiv zu leben. Ich erlebe täglich, wie andere Menschen versuchen, mit vermeintlich »positiven« Gedanken etwas in sich zu retten. Auf der einen Seite der Bericht über Krebs, auf der anderen Seite die Suggestion: »Es geht mir gut.« Viele Menschen verstehen nicht, daß man sich nicht mit Hilfe von Suggestionen betrügen kann. Wer nicht den ganzen Hintergrund kennt, wird mehr Schaden anrichten. Dabei ist es ganz einfach, wirklich etwas in seinem Leben zu verbessern. Dazu gehört das Anerkennen des Todes und der

Glaube, bis zu diesem Zeitpunkt auch wirklich glücklich leben zu können. Wenn diese Voraussetzungen erfüllt sind, dann schwingt in uns das System unseres Universums im Einklang und nichts kann diese Ruhe stören. Die Jahre des Alterns werden nicht zur Angst, sondern zu einem wunderbaren Erlebnis. Das Erlebnis wird sein, daß man nicht umsonst gelebt hat, sondern eine glückliche Zeit auf dieser Welt erleben durfte. Lohnt es sich da nicht, sofort etwas zu ändern? Sie werden Fragen: »WIE?« Nun, das kann man lernen. Dazu gehört die Bereitschaft, auch wirklich das Leben ändern zu wollen. Wer nicht einen Entschluß fassen kann und nur vom guten Zureden seiner Mitmenschen abhängig ist, der wird es nicht leicht haben. Einmal im Leben sagen »ICH WERDE« und dann am Ball bleiben, sind die Voraussetzungen für den Erfolg.

Umfragen haben ergeben, daß knapp die Hälfte der Bevölkerung nicht mit ihrem Leben zufrieden ist und etwas ändern möchte. Obwohl der Wunsch nach Veränderung stark ist, hapert es recht oft am nötigen Kleingeld. Welch fataler Irrtum! Das Universum in uns läßt sich nicht mit Geld aufwiegen, denn Gefühl kann man nicht kaufen. Den meisten fällt es schwer, etwas Geld in sich zu investieren, damit man lernt, wirklich glücklich zu leben. Dafür werden Anschaffungen gemacht, die das innere Unglück verdecken sollen. Doch schon einige Tage nach dem Kauf des neuen Autos oder Fernsehers stellt sich das bekannte Gefühl der Unzufriedenheit wieder ein. Welche Garantie habe ich denn, wenn ich Geld in mich investiere? Keine! Die Garantie ist so hoch, wie Ihr Entschluß endgültig ist. Sie selbst sind Ihre eigene Garantie. Darum fangen Sie nichts an, was Sie nicht auch zu Ende führen werden. Dann war alles umsonst. Eine gute Möglichkeit ist das Erlernen der Selbsthypnose. Natürlich gehört dazu umfangreiches Wissen um die Zusammenhänge von Suggestion und Wirkung. Wer beim autogenen Training Probleme hat, und das sind sehr viele, der kann durch die richtige Vermittlung der Selbsthypnose mit großer Wahrscheinlichkeit Erstaunliches in seinem Leben verändern.

Es gibt aber auch noch andere Praktiken für das Erreichen

der inneren Ausgeglichenheit. In einigen Kulturformen lebt die ganze Bevölkerung danach. Wir kennen das von den fernöstlichen Lebensanschauungen, die uns Europäer so magisch anziehen. Gerade auf diesem Gebiet sind diese Länder Vorbild für die Erkenntnis, daß der Gedanke der Antrieb für unser Tun ist. Dieser Urzustand unseres inneren Universums ist in uns allen vorhanden. Er wird nur verändert durch negative Gedanken und gefährliche Informationen, die unser inneres Gleichgewicht stören. Nur wenige Menschen kennen das wunderbare Gefühl, einfach zu leben und die Kraft zu haben, die äußeren Einflüsse so weit wie eben möglich abzublocken.

Täglich fünf Stunden Fernsehen zeigen eher auf ein Mißverständnis des eigenen Schwingens hin. Wer nicht mit sich selbst zurechtkommt, der macht etwas falsch. Hektik und Unrast sind Zeichen von Gejagtheit. Menschen, die immer hektisch sind, laufen dem Leben davon und kommen ohne Ablenkung im Leben nicht mehr klar. Selbst mit sich zu sein, ist diesen Menschen nicht gegeben. Sie laufen sich selbst und dem Leben davon. Am Ende eines solchen Lebens steht dann der Tod, der den Weg versperrt und selbst das Sterben wird noch zur Qual. Umsonst gelebt!

Das Universum in uns ist auch ein Beweis für den »automatischen« Ablauf des Lebens. Kein Mensch kann sich diesem Kreislauf entziehen. Die Frage ist nur, was wir an angenehmen Erinnerungen aus diesem Leben mitnehmen. Wenn es kaum solche guten Momente in Ihrem Leben gibt, dann liegt das nicht am Schicksal, sondern an der Art, wie Sie gedacht und gelebt haben. Wirklich etwas an diesen Zuständen zu ändern bedeutet auch, vergessen zu können. Nicht zu verwechseln mit Verdrängen. Vergessen bedeutet, die Zusammenhänge zu verstehen und daraus eine positive Bilanz zu ziehen. Wenn wir so handeln, dann gehen wir auf einen Idealzustand zu, der uns wieder groß und mächtig sein läßt, wie das Universum überhaupt. Umgeben vom Gefühl der Weite und der Freiheit dieser Unendlichkeit bildet sich ein Lebensgefühl, das durch nichts zu ersetzen ist. Nicht die Freiheit auf unserer Erde kennzeichnet uns, sondern die Weite in uns. Wir Menschen haben die

Gabe, durch unsere Gedanken alles zu erleben, was wir uns wünschen. Selbst wenn unser Geist einfach nur in einer Schachtel verborgen wäre, so hätte er doch die Möglichkeit, in seinen Träumen in ferne Länder oder Welten zu reisen. Diese Freiheit in uns, die man als Phantasie und Kreativität bezeichnet, macht uns selbst unantastbar, und es gibt keine Grenzen, die uns aufhalten könnten. Es ist falsch, zu glauben, daß Geld alle Tore öffnet. Geld sollte uns nur die Möglichkeit geben, unsere Träume leichter wahr werden zu lassen. Wer sein Lebensgefühl aber mit Geld erkaufen will, der wird schon sehr schnell sehen, wie wenig wahre Werte es für Geld zu kaufen gibt.

Bitte machen Sie nicht den Fehler, nun zu sagen, daß Geld nicht glücklich macht. So ist das nicht. Wer Ideen hat und mit sich selbst zurechtkommt, kann durch Geld ein großes Stück weiterer Erfüllung finden. Wie Dr. Joseph Murphy schon in seinem Buch »Die Macht Ihres Unterbewußtseins« schreibt, ist das höchste zu erreichende Ziel REICHTUM UND GLÜCK! Glück bedeutet, daß wir gesund sind und in der Lage, das Leben in seinen schönsten Formen zu erfahren. Es bedeutet auch, daß wir uns selbst verstehen und unsere Probleme lösen können. Noch viele andere Dinge kann man aufzählen, die Glück bedeuten. Wenn dazu Reichtum kommt, dann ist das Geld das Salz in der Suppe. Welche Anforderungen Sie an Ihre Suppe stellen, das liegt an Ihnen. Es gibt aber nichts, was man nicht auch verbessern könnte. In vielen Fällen reichen schon wenige Zutaten in einer ausgeklügelten Form, und ein Ziel ist erreicht, das andere Menschen als ein Wunder ansehen. Tun Sie in Zukunft weniger, aber dafür das Richtige. Das Universum ist für uns unergründlich, weil es einfach und genial aufgebaut ist. Machen Sie sich diese Erkenntnis für Ihr weiteres Leben zu nutze. Seien Sie einfach und genial, leben Sie einfach und genial und schaffen Sie Dinge, die einfach und genial sind. Je komplizierter Ihr Leben ist, umso schneller treten Störungen auf, die sich nur schwer lokalisieren können. Verlieren Sie also den Überblick nicht, und lassen Sie sich Zeit. Sie werden bemerken, daß das Leben dadurch viel angenehmer und auch länger wird. Geschäftsleute, die so denken, kommen sicherer an ihr Ziel. Produkte, die einfach und genial sind, werden gern gekauft und sind durch nichts zu ersetzen. Alles, was einfach ist, bringt uns mehr Zeit für weitere positive Ziele. Viele Menschen meinen, daß einfach gleich primitiv ist. Seien Sie versichert, das Gegenteil ist der Fall. Gerade unsere Gedanken sind ein Barometer für die Einfachheit unseres Lebens. Wer sich viele Gedanken macht, findet die Lösung nicht. Der Außenstehende, der kaum Ahnung hat, wird uns die Ergebnisse auf den Tisch legen, als sei es das Einfachste der Welt. Ich meine, es lohnt sich, Ihr System »Leben« zu überdenken und viel einfacher zu gestalten.

»Nichts ist so wichtig, als daß man daran zerbrechen müßte.«

11

Die Hypnose

Ich hatte bereits angesprochen, daß der Bewußtseinszustand der Hypnose zwischen Wachsein und Schlaf liegt. Nun wollen wir sehen, welche Systeme es für diesen wunderbaren Zustand der Entspannung gibt.

Dazu werde ich erst auf die verschiedenen Stufen der Hypnose eingehen. Ich möchte mich nicht mit den bisherigen Einteilungen abfinden. Darum habe ich eine eigene Einteilung erstellt, was aber nicht bedeuten soll, daß die derzeitigen Einstufungen falsch wären.

Die 1. Stufe

Durch das Schließen der Augen ist die Hypnose schon ganz oberflächlich eingetreten. Das klingt unvorstellbar, ist aber wirklich der Fall. Natürlich bezieht sich das nicht auf ein Stadium, in dem wir eine Operation vornehmen könnten. Doch es reicht schon für einfache Suggestionen, die das Gefühl und die bildliche Vorstellungskraft in uns wecken können. Man kann das selbst versuchen, indem man für ca. 20 Sekunden die Augen schließt und dabei versucht, sich ein Bild aufzubauen. Stellen Sie sich vor, Sie stehen auf einer Wiese und sehen die vielen bunten Blumen, die sich wie ein großes Meer im Wind wiegen. Natürlich gelingt das auch, wenn Sie die Augen nicht schließen, aber die Wirkung wird bei geschlossenen Augen größer sein. Wie kommt nun dieser Eindruck zustande?

Sie müssen dazu wissen, daß unser Unterbewußtsein in jeder Sekunde unvorstellbar viele Informationen von den Sinnesorganen und dem Körper selbst erhält. Ein Beispiel wird Ihnen das verdeutlichen. In einer Sekunde können wir bei voller geistiger Leistungsfähigkeit gerade etwa 20 Informationen lernen oder bearbeiten. Das ist sehr wenig im Verhältnis zum Gefühl, denn von dort erhält das Unterbewußtsein in der selben Zeit viele Millionen Informationen. Das bezieht sich auf das ganze Nervensystem, z. B. Wärme, Kälte, Schmerz, Sehen, Hören, Riechen, Schmecken usw.

Wenn wir also unsere Augen schließen, dann schalten wir viele Informationen von den Sehnerven aus und bekommen die Möglichkeit, geistig mehr zu bearbeiten. Also ist es sehr wichtig, diesen Prozeß schon als Anfang der Hypnose anzusehen. Es gibt aber noch einen Grund für diese Tatsache. Wir verbinden normalerweise das Schließen der Augen mit dem Beginn des Schlafes. Um aber schlafen zu können, müssen wir erst durch die Hypnose hindurch. Also ist das Schließen der Augen der direkte Weg zur Hypnose.

Sie kommen jetzt schnell in einen Zustand, in dem Sie versuchen, irgendwelche Probleme zu überdenken. Das ist auch der Grund, warum viele Menschen beim autogenen Training meinen, sie würden einfach nicht abschalten können. Hier schätzt man das autogene Training auch etwas falsch ein, denn ohne Übung wird nichts erreicht.

Die überwiegende Zahl der Teilnehmer an den Kursen zum autogenen Training hat Probleme, die verarbeitet werden sollen. Es ist also klar, daß viele Probleme einem schnellen Erfolg entgegenstehen. Diese Menschen sollten mehr Geduld haben, denn eines ist sicher: Irgendwann klappt es doch. Aber die Erfolglosigkeit zeigt noch mehr. Die Denkweise dieser Menschen hat zu Problemen geführt und nun kann man nicht erwarten, daß mit derselben Einstellung auf einmal große Erfolge einhergehen. Daher meine ich auch, daß viele Lehrer des autogenen Trainings ihre Aufgabe falsch sehen. Es ist nicht sinnvoll, nur eine »Betriebsanleitung« zu liefern, ohne vorher genau geprüft zu haben, welche falschen Gedanken und Einstellungen den Menschen behindern. Darum ist es unerläßlich, diese Punkte vorher im Gruppengespräch zu klären.

Kommen wir wieder zur Hypnose. Genaugenommen ist es hier ebenso. Auch bei dieser Behandlungsart ist es wichtig, vorher die Gründe für das Versagen zu kennen. Was den Zustand der Hypnose angeht, so gibt es einen entscheidenden Vorteil. Sie brauchen nicht selbst eine Kontrolle auszuüben, sondern geben diese Verantwortung an den Hypnotiseur ab. Sie können passiv sein und sich ganz auf die Worte konzentrieren. Für viele Menschen eine ganz neue Erfahrung. Jetzt wird auch verständlich, warum schon nach dem Schließen der Augen eine Erwartungshaltung zu den folgenden Worten aufgebaut wird. Dazu kommt noch die Anwesenheit des Hypnotiseurs, die Sie veranlaßt, sich wirklich auf die weiteren Geschehnisse vorzubereiten. Eine Cassette allein kann niemals diesen Effekt haben, denn Sie können weiterhin Ihren Gedanken nachhängen, ohne es zu merken.

Ein Hypnoseprofi jedoch wird sehr schnell bemerken, was Sie denken und kann dann mit gezielten Suggestionen eingreifen. Auch wenn ich meine, daß bereits das Schließen der Augen der Anfang zur Hypnose ist, so müssen nun die entsprechenden Worte zur tatsächlichen tiefen Hypnose führen. Damit kommen wir zur zweiten Stufe.

Die 2. Stufe

Augen geschlossen und dazu ein Auftrag. In diesem Stadium kommen also die entscheidenden Worte hinzu. Stellen Sie sich bei geschlossenen Augen vor, daß der Körper ruhig und schwer wird. Diese Schwere lassen Sie von den Füßen aus immer weiter in den restlichen Körper hineinströmen. Stellen Sie sich vor, daß der Körper richtig schwer wird. Sie werden bemerken, daß dieses Gefühl sehr angenehm ist. Man darf jedoch nichts erzwingen. Wenn Sie etwas erzwingen wollen, dann geschieht genau das Gegenteil. Passiv zu sein bedeutet auch, daß man seine Zweifel ablegt und bereit ist, dieses Gefühl zu erleben.

Wir haben nun schon erreicht, daß in unserem Gefühl etwas verändert wird. Aber es ist noch mehr geschehen. Unser Unterbewußtsein hat diesen Befehl der Schwere gleichzeitig als Hinweis angenommen, die Funktionen des Körpers auf ein Minimum herabzusetzen. Diese Suggestion bedeutet, daß wir momentan keine Leistung von unserem Körper verlangen. Wenn Sie nun etwas länger in diesem Zustand der Schwere verbleiben, wird auch die Körpertemperatur absinken. Ebenso wird die Atmung ganz ruhig. Sie sollten wissen, daß diese Gefühle nicht negativ, sondern normal sind. In einer sehr tiefen Hypnose wird man kaum merklich atmen und auch die Tatsache, daß man möglicherweise nur noch 10-15 Mal in der Minute durchatmet, ist nicht bedenklich. Wichtig ist, daß dieser Prozeß genau beobachtet wird, damit bei einer möglichen Angst entsprechende Suggestionen gegeben werden können. Aber ich möchte nochmals betonen, daß Angst hier völlig fehl am Platz ist. Sie haben ja auch keine Angst, wenn Sie schlafen.

Um den Zustand der Schwere noch zu vertiefen, wird die Suggestion gegeben, daß man immer tiefer sinkt. Besonders wirksam werden die Worte, wenn man sich das Sinken wieder bildlich vorstellen kann. Was wir uns bildlich vorstellen können, wird auch geschehen!

Übrigens haben wir jetzt schon eine recht interessante Hypnosetiefe erreicht. Diese reicht schon aus, um eine Therapie durchzuführen, die Probleme behandelt. Es erscheint schon deshalb als sehr zweifelhaft, die Hypnose mit Medikamenten einzuleiten. Wer es nicht schafft, einen Menschen mit diesen normalen Mitteln in eine respektable Hypnose zu bringen, der kann auch als Therapeut kaum großen Erfolg haben. Daher hüten Sie sich vor medikamentösen Hypnosen. Bedenken Sie, daß gerade die Persönlichkeit des Hypnotiseurs für den Erfolg in der Hypnose ausschlaggebend ist und nicht nur das, was er Ihnen suggeriert. Vertrauen und Glaube in diese Person kann nicht durch Mittel ersetzt werden. Vielmehr haben wir hier wieder die fragliche Wirkung von Medikamenten auf die Psyche. Gerade in Kliniken wird auf diese Hilfe zurückgegriffen, die nur die »Abfertigung« der Patienten erleichtern soll. Für die Hypnose braucht man Zeit und viele Gespräche vorab. Das kann und darf nicht umgangen werden. Haben Sie Bedenken gegenüber der behandelnden Person, dann lassen Sie die Finger von einer Behandlung. Es kann nicht viel dabei herauskommen. Hüten Sie sich auch vor den Mystikern mit stechenden Augen. Diese Menschen benutzen die Hypnose mit falschen Vorstellungen. Lassen Sie sich auch nicht davon blenden, daß der Behandelnde Arzt oder Heilpraktiker ist. Das ist kein Argument für die richtige Anwendung der Hypnose selbst. Gehen Sie nach Ihrem Gefühl und entscheiden Sie verantwortungsvoll. Ich will damit nicht sagen, daß die Hypnose besonders gefährlich ist, sondern daß die Anwender zumindest durch ihr eigenes Verhalten zeigen sollten, daß sie eine gewisse Reife für diese Arbeit besitzen. Mystiker sind Kinder! Je normaler Ihr Eindruck vom Hypnotiseur ist, um so normaler werden Sie sich fühlen.

Es wird auch immer wieder von vielen Menschen behauptet, sie seien nicht in Hypnose gewesen. Jeder, der auf diesem Gebiet arbeitet, kennt diese Aussagen. Wir haben ja bisher nur die oberflächlichen Bereiche der Hypnose angesprochen, wo tatsächlich für viele Menschen dieser Eindruck, überhaupt nicht in Hypnose zu sein, gegeben ist. Man sollte sich davor hüten, als Außenstehender voreilig Schlüsse zu ziehen. Es ist nämlich erstaunlich, daß gerade in diesen leichteren Stadien Erstaunliches erreicht werden kann. So sollten Sie davon ausgehen, daß über 50% der Möglichkeiten der Hypnose jetzt schon genutzt werden können. Z. B. reicht dieser Zustand aus, überdurchschnittlich zu lernen oder Probleme im Unterbewußtsein zu verarbeiten.

Es ist kennzeichnend, daß diese Bereiche falsch eingeschätzt werden. Warum erwartet man als Laie immer wieder eine Bewußtlosigkeit, die für die Hypnose kennzeichnend sein soll? Das ist recht einfach zu erklären. Wenn man die Hypnosestadien als Zuschauer beobachtet, so hat man tatsächlich diesen Eindruck schon recht früh. Es ist ein entscheidender Unterschied, ob man selbst in diesem Zustand der Entspannung ist, oder ob man diesen nur beobachten kann. Auch bei einem Unfall wird das Opfer andere Eindrücke haben als der Zuschauer. Es ist eben wie immer im Leben eine Frage des Standpunktes, von dem aus wir etwas beurteilen. Ich meine auch, daß es doch nur zum Vorteil ist, wenn man in der Hypnose nicht bewußtlos und willenlos dem anderen ausgeliefert ist. Das soll jedoch nicht bedeuten, daß ein tiefer Zustand der Hypnose nicht möglich ist. Nur wird derjenige, der in dieser tiefen Hypnose ist, wenig darüber aussagen können. Das hat einen einfachen Grund.

Rufen wir uns noch einmal die Tatsache ins Gedächtnis, daß der Mensch immer nur das ist, was er sich einbildet zu sein. Auf der Bühne bei einer Show-Hypnose wird diese Tatsache dazu genutzt, dem erstaunten Publikum Spektakuläres zu bieten. Da ist ein Mensch bereit, eine Zitrone als süße Frucht genüßlich zu verspeisen, oder es wird aus ihm eine Brücke gebaut, die sogar einen Menschen trägt. Diese beiden Beispiele sind nicht nur als Beweis für die Hypnose anzusehen, sondern auch für die Selbstbegrenzung durch uns im täglichen Leben. Erstaunlicherweise lassen sich beide Versuche auch ohne die Hilfe der Hypnose durchführen. Es bedarf nur der Entscheidung, daß man dazu fähig ist. Unser Hypnotiseur wird durch seine Überzeugung erreichen, daß Sie Ihre Bedenken über Bord werfen und bereit sind, eine ganz neue Erfahrung zu machen. Hier kommt in verstärktem Maße der Glaube an die Leistungsfähigkeit der Hypnose hinzu. Es gibt für Sie also einen Grund, warum das alles funktioniert. Und noch etwas ist wichtig, das wir nicht übersehen wollen. Bei der Bühnenarbeit werden die Versuchspersonen zu Komplizen des Hypnotiseurs, und der Erfolgszwang des Einzelnen erleichtert die Arbeit sehr.

Hypnose ist aber kein Zustand der totalen Abhängigkeit, was unbedingt von der breiten Masse erkannt werden muß. Hypnose ist ein normaler Zustand, den wir täglich erleben. Sie ist Bestandteil unseres Lebens und kein künstlicher Zustand der Willenlosigkeit. Und doch muß man sehen, daß die Leistungen, die in Hypnose vollbracht werden können, außergewöhnlich sind. Da es sich um einen menschlichen Zustand handelt, ist auch zu erkennen, daß jeder Mensch diese Leistungen auch alleine erreichen könnte. In der Hypnose wird nur die eigene Leistungsfähigkeit angesprochen. Jede Hypnose muß zur Selbsthypnose werden. Es geschieht also nur das, was dem Einzelnen möglich ist. Die gegebenen Suggestionen müssen zu Autosuggestionen werden, damit etwas geschieht. Der Hypnotiseur begleitet den Menschen also nur in diesem Zustand und seine Worte werden nur befolgt, wenn der Hypnotisierte selbst dazu bereit ist. Eine Macht ist also nicht auszuüben. Letzte Instanz ist man selbst. Werden Suggestionen im tiefsten Zustand der Hypnose gegeben, die sich gegen die moralische Einstellung der Versuchsperson richten, ist die letzte Instanz die Ohnmacht, die eine Hypnose beendet und auch weitere Versuche danach unmöglich macht.

Dazu möchte ich Ihnen ein Beispiel schildern. Für dieses Beispiel verwenden wir die Hypnose nicht, sondern wenden uns an den wachen Bürger.

Stellen Sie sich vor, wir hätten einen Banküberfall geplant, den wir mit der Hilfe einer fremden Person durchführen wollen. Es gibt ja Menschen, die meinen, man könnte jemanden durch Hypnose zu einem Verbrechen verleiten. Wir machen es uns leichter und verzichten auf die Hypnose. Wir sehen eine Person, die als geeignet scheint, auf unsere Aussagen hereinzufallen. Wir sagen dieser Person, daß hier in der Bank ein Film gedreht wird und leider noch kein geeigneter Schauspieler für den Überfall gefunden sei, doch hätte man den Eindruck, sie könnte das bestimmt sehr gut. Was wird geschehen? Die Person fühlt sich geschmeichelt und erkennt sehr schnell die einmalige Gelegenheit, in einem Film mitzuspielen. Man gibt ihr genaue Anweisungen: Sie gehen in die Bank und gehen zum Geldschalter. Dort sagen Sie nur einen kurzen Text. »Geld her!«, und Sie richten die Pistole auf den Kassierer. Auch der Kassierer ist ein Schauspieler, der Ihnen nur widerwillig das Geld geben will. Er wird sich so verhalten, daß Sie gezwungen sind, ihn zu erschießen. Wenn Sie geschossen haben, rennen Sie aus der

Bank und springen dort in das Auto. Sie fahren rechts um die Ecke und halten dann an. Wir werden dann sehen, ob wir die Einstellung nochmals drehen müssen. Alles verstanden? Ok, dann geht's los. »Überfall, die erste.«

Was meinen Sie, wieviele Menschen unseren Auftrag durchführen? Sie meinen, daß so etwas kein logisch denkender Mensch machen würde? Lassen Sie sich überraschen, denn man hat in Amerika einen solchen Versuch gemacht. Man sprach Personen auf der Straße an und bat sie, für den ausgefallenen Scharfrichter einzuspringen, der ein Todesurteil vollstrecken sollte. Es sei ein verantwortungsvolles Amt, dessen man sich bewußt sein sollte. Dann erzählte man, daß es sich bei dem Verurteilten um einen Massenmörder handelte, der schon 20 Kinder und über 30 Frauen umgebracht habe. Es sei dringend nötig, daß das Urteil noch heute vollstreckt würde. Dazu brauchten die Personen nur auf einen großen, roten Knopf drücken, mit dem der Strom für den elektrischen Stuhl eingeschaltet wurde. Einige Menschen wollten den Mörder sehen, bevor sie dazu bereit waren. Doch man erzählte, daß der Richter das Opfer nicht kennen dürfe, damit man sich später nicht weiter damit beschäftige. Es wurden genau 100 Personen angesprochen. Was meinen sie, wieviele auf den Todesknopf gedrückt haben? Es waren genau 96 Menschen. Bestimmt haben Sie mit einem solchen Ergebnis nicht gerechnet.

Nachdem die Arbeit getan war, bat man die Personen in ein Zimmer, in dem sie warten sollten, damit sie ihr Geld für diesen Dienst empfangen konnten. Anstatt des Geldes gab es eine Überraschung für die Todesbringer. Ein Priester betrat den Raum und erklärte, daß er seit drei Stunden auf dem elektrischen Stuhl gesessen habe und dabei genau 96 mal getötet worden sei. Betroffenheit machte sich breit, und einige dieser Menschen fingen an zu weinen. Die Veranstaltung endete mit einem Gottesdienst und der Erfahrung einer kleinen Gruppe, zu der auch wir gehört haben könnten. Alles ohne die Hilfe der Hypnose.

Doch auch ein Beispiel in Hypnose will ich Ihnen nicht vorenthalten. So hat man Personen den Befehl gegeben, einen anderen Menschen zu erschießen, ohne eine Begründung zu geben. Die Versuche verliefen immer ähnlich. Die Versuchsperson nahm die Waffe und zielte auf die besagte Person. Aber bevor abgedrückt werden konnte, wurden die Versuchspersonen ohnmächtig. Es war nur möglich, diese Menschen zu einem Mord zu bewegen, wenn eine entsprechende Geschichte die Tat rechtfertigte. Es gibt keinen Unterschied in der Reaktion zwischen wachem und hypnotisiertem Bürger gibt.

Man kann sagen, daß nur die Überredungskunst hier etwas Negatives bewegen kann. Diese Kunst beherrscht unsere Werbung recht gut und auch die Erinnerung an Adolf Hitler zeigt uns dieselbe Taktik. So kann man auch nicht sagen, daß ähnliches nicht wieder geschehen könnte, denn die Einbildung des Einzelnen ist für seine Reaktionen auf dieser Welt entscheidend. Lassen Sie sich diese Beispiele eine Lehre sein, denn man muß schon verdammt gut aufpassen, nicht selbst in die Falle zu tappen. Daß es diese Fallen gibt, zeigen die vielen Enttäuschungen in unserem Leben. Sogar Richter an unseren Gerichten sind dem immer wieder ausgesetzt und haben deshalb einen der schwersten Berufe überhaupt. Immer ist ein Urteil auch vom Gefühl beeinflußt, und damit fertig zu werden, ist eine starke psychische Belastung.

Ich kann mir vorstellen, daß Sie nun die Zusammenhänge etwas besser durchschauen können. Übrigens sind die Systeme der Manipulation gerade in der Familie stark ausgeprägt. Besonders hier liegen Glaube und Hoffnung sehr eng beieinander.

Die 3. Stufe

Ich habe nun die ersten beiden Bereiche angesprochen, die als Grundlage der Hypnose zu verstehen sind. Kommen wir nun zum dritten Bereich. Diesen Teil bezeichne ich als universellen Hypnosebereich. In diesem Zustand der Tiefenentspannung werden Suggestionen nicht nur bildlich verarbeitet, sondern jetzt ist auch eine Steuerung des Körpers möglich. Das bezieht sich nicht darauf, daß diese Stufe viel tiefer wäre als die beiden anderen, sondern universeller. Man kann ja allein durch Suggestionen im Wachzustand schon bedingte Bewegungen unseres Körpers hervorrufen. Daß dies möglich ist, möchte ich Ihnen in einem Experiment beweisen, welches Sie selbst für sich durchführen können. Dazu legen Sie bitte eine Hand auf den Tisch. Es ist von Vorteil, wenn Sie den ganzen Arm entspannt auflegen können. Nun schauen Sie nur noch auf Ihre Hand und beobachten die Gefühle, die dort entstehen.

Stellen Sie sich jetzt vor, daß einer der Finger, den Sie selbst bestimmen sollen, ganz leicht wird. Schauen Sie ganz fest auf diesen Finger und lassen Sie die Hand unbedingt ganz locker. Nach kurzer Zeit werden Sie bemerken, wie ein Kribbeln durch diesen Finger geht. Das ist das Zeichen für den Beginn der Ausführung Ihres Befehls. Sagen Sie sich nun immer wieder, daß dieser Finger immer leichter wird und sich zu heben beginnt. Sie müssen diese Suggestion wiederholen und sich ganz entspannt der bildlichen Vorstellung hingeben. Nach einiger Zeit werden Sie bemerken, daß eine gewisse Spannung in diesem Finger auftritt – und dann bewegt sich der Finger tatsächlich nach oben. Es ist ein eigenartiges Gefühl, denn es scheint so, als würde dieser Finger sich ganz von selbst bewegen. Die Bewegungen sind etwas ruckartig, weil hier im Gegensatz zur bewußten Bewegung, andere Faktoren für die Bewegung zuständig sind. Sie verwenden also nur einen kleinen Teil der nötigen Befehle und »bezahlen« das mit dem Gefühl einer höheren Reibung. Sollten Sie anfangs keinen Erfolg haben, dann probieren Sie es immer wieder. Zeigt sich jedoch keinerlei Veränderung, dann liegt das nicht an dem Experiment, sondern an Ihrer Einstellung dazu. Es ist kein positives Zeichen, wenn es nicht klappen will. Menschen mit psychischen Problemen tun sich eben etwas schwer, an den Erfolg zu glauben. Ist alles planmäßig verlaufen, dann geben Sie sich jetzt den Befehl, daß es reicht, tippen den Handrücken kurz an, und schon wird der Finger wieder locker herunterfallen.

Bitte glauben Sie nicht, ich möchte Ihnen faule Tricks unterjubeln, denn dieser Versuch ist ein Mittel, zu verstehen, was in unserem Unterbewußtsein vorgeht.

Es zeigt, daß einer Bewegung immer ein Befehl vorausgehen muß, auch wenn wir die meisten Bewegungen automatisch verrichten. Was wir nicht für möglich halten, wird auch nicht geschehen.

Man kann daraus ableiten, daß alles in unserem Leben durch Befehle bewirkt wird. Zu jeder Leistung gehört der Glaube daran. Wenn wir also erfolgreich leben möchten, müssen wir ähnlich wie bei dem Experiment vorgehen. Wir benötigen ein Konzept und die entsprechende Programmsprache, um unser Erfolgsprogramm zu erstellen. Danach reicht der einfache Befehl für die Ausführung und es wird geschehen. Genau diese Erkenntnisse werden auch in der Hypnose genutzt. Hier übernimmt jedoch ein anderer die Aufgabe, die Befehle zu erteilen. Ein umfassendes Vorgespräch ist daher unbedingt nötig. Die Hypnose kann nur erfolgreich sein, wenn die Zielsetzung klar ist. Mal zu testen, ob Hypnose überhaupt geht, ist kein Ziel für Leistung. Es muß einen Grund geben, warum Sie gern in diesen Zustand hinein möchten. Es wird nun auch klar, daß es nicht unbedingt ein Zeichen von fehlendem Können ist, wenn man Sie nicht in den Zustand Hypnose bringen kann. Vielmehr ist es Ihre Einstellung, die eine erfolgreiche Hypnose verhindern kann. Erinnern wir uns, daß Hypnose immer in Autohypnose umgewandelt werden muß, damit in Ihnen etwas bewirkt wird. Wenn Sie also schon den Versuch unternommen haben, eine Hypnose durchführen zu lassen, und es hat nicht geklappt, dann liegt es mit großer Wahrscheinlichkeit an Ihnen selbst. Genau das ist auch der Fall, wenn der Versuch eines autogenen Trainings mißlingt. Hier können Sie ja beweisen, was Sie selbst geistig leisten können. Ein Mißerfolg muß Ihnen zu denken geben!

Ich spreche dieses Problem nicht umsonst an. Leider gibt es einige Menschen, die sich anmaßen, den Zustand und die Abläufe in der Hypnose beurteilen zu können, obwohl sie nicht einmal das Wort richtig schreiben können. Diese Personen üben an allem Kritik, nur nicht an sich selbst. Dabei fügen sie den Menschen, die durch die Hypnose helfen, einen unverantwortlichen Schaden zu. Diese primitiven Denker leben in einer solchen festen Einbildung, daß selbst die Hypnose versagen muß. Hier stellt sich auch die Frage, ob diese Einbildung nicht sogar Schaden anrichten kann. Es sind Wichtigtuer, die nichts im Leben erreicht haben, zu feige, wirklich ein Vorbild zu werden, um mit dem Erreichten das zu beweisen, was sie predigen.

Wenden wir uns dem normalen Menschen zu, der in der Lage ist, sich wirklich von seinen Problemen zu lösen und in einen wunderbaren Entspannungszustand hineinzugleiten. In dieser dritten Stufe werden wir ihm suggerieren können, daß sein linker Arm schwer wird. Gibt er sich freiwillig diesem Eindruck hin, wird er auch diese Suggestion so empfinden. Der Arm ist tatsächlich schwer. Überhaupt ist dieses Gefühl von Schwere, gepaart mit der Empfindung der angenehmen Wärme, ein wunderschönes Erlebnis. Eine bisher nicht gekannte Ruhe breitet sich im Körper aus, und nach kurzer Zeit kann man sogar Geräusche der Entspannung vernehmen. Klare Anzeichen, daß die Hypnose bereits vorteilhaft wirkt. Zunehmend wird nun auch der Eindruck des Tiefersinkens stärker. Dabei ist dieser Ruhezustand nicht in jeder Sekunde gleich. Eher ist es ein Auf und Ab. Man sinkt tiefer und kommt danach wieder etwas an die Oberfläche. Ein andauernder Prozeß, der sich langsam weiter aufschaukelt. So hat man manchmal den Eindruck, die Hypnose sei gar nicht vorhanden, dann wieder das Hineinsinken in die Ruhe, die auch das Zeitgefühl schwinden läßt. Wenn man der Versuchsperson nun einen Befehl gibt, scheint der Hypnosezustand beendet zu sein. Das Unterbewußtsein ist jetzt empfindlich wach und registriert jedes Geräusch. Dieser Eindruck entsteht, weil unser Rechner überwach für diesen Befehl wird. Eine Konzentration auf die Aufgabe entsteht, und dann wird der Befehl tatsächlich ausgeführt.

Vergessen wir aber auch nicht, daß Hypnose ein Lernprozeß ist. Dieser Zustand ist nicht einfach da, sondern wird nach und nach erlernt. Darum sollte man etwas Geduld haben und verstehen, warum der Arzt oder Heilpraktiker eine gewisse Stundenzahl ansetzen muß. Dies hat nicht nur den Grund, daß es lange dauert, bis sich etwas im unterbewußten Inhalt verändert, sondern eben den des Gewöhnens an die Abläufe bei der Hypnose. So ist es bestimmt richtig, daß mindestens 20 Sitzungen nötig sind, um wirklich erfolgreich zu sein. Dazu kommt natürlich auch der Vertrauensaufbau zum Behandelnden. Etwas anders ist es bei meinen Forschungen. Natürlich ist es auch hier wünschenswert, daß genügend Zeit zur Verfügung steht. Doch leider ist das nicht immer gegeben. Das bezieht sich ganz besonders auf die Menschen, die gern etwas aus ihrer Vergangenheit wissen möchten. Das ist auch der Grund, warum ich ganz neue Systeme entwickeln mußte, um überhaupt innerhalb einer oder zwei Stunden etwas über die Existenz in einem früheren Leben zu erfahren. Es ist gerade bei meinen Forschungen wichtig, daß die Personen, die zu mir kommen, wirklich mitarbeiten. Auch ist es unerläßlich, daß schnell ein Vertrauensverhältnis aufgebaut wird. Dazu ist ein Vorgespräch absolut unumgänglich.

Durch die Vorbereitung ist es dann möglich, wirklich in die verborgenen Bereiche des Unterbewußtseins vorzudringen. In den meisten Fällen ist dazu ein noch tieferer Bereich wie bisher angesprochen nötig. Doch unterschätzen wir die Stufe drei nicht. Es ist hier auch schon möglich, die Suggestion zu geben, daß der Körper absolut steif wird, so daß man eine Person tatsächlich zu einer menschlichen Brücke machen kann, die sogar einen anderen Menschen trägt.

Ebenso sind weitere körperliche Leistungen zu vollbringen. Die Lernfähigkeit hat jetzt ein Maß erreicht, welches als optimal zu bezeichnen ist. Diese Stufe wird übrigens in fast allen Fällen erreicht und ist Grundlage für erfolgreiche Therapien, mit denen man auf dem Heilsektor verblüffende Erfolge hat. Überhaupt beginnt jetzt ein Prozeß, der bei jedem Menschen anders ist. Man hat bisher die Hypnosetiefen nach den Experimenten eingeteilt, die man erfolgreich durchführen konnte. Doch hat sich bei meiner Arbeit gezeigt, daß jeder Mensch ab dieser Stufe drei verschiedene Leistungen erbringen kann. In diesem Zusammenhang fällt mir ein Fall ein, bei dem ich nach der bisherigen Einteilung nicht einmal eine leichte Hypnose erreicht hatte. Die Suggestion, daß der Arm leicht wird und sich zu heben beginnt, wurde trotz mehrerer Versuche nicht ausgeführt. Dennoch verfiel ich auf die Idee, einen Versuch anzuwenden, zu dem eigentlich eine sehr tiefe Hypnose nötig gewesen wäre. Ich suggerierte, daß die Versuchsperson die Augen öffnen könne und dabei aber in tiefer Hypnose verbleiben sollte. Dann gab ich die Suggestion, daß sich ein roter Fleck an der Decke bilde, was sie mir bestätigte. In einem weiteren Experiment legte ich ihr fünf leere Postkarten vor, von der ich eine auf der Rückseite gekennzeichnet hatte. Meine Suggestion, daß auf dieser Postkarte auf der Vorderseite ein deutlicher, schwarzer Fleck zu sehen sei, bestätigte sie mir. Dann mischte ich diese fünf Karten und legte sie wieder auf den Tisch. Auf meine Frage, welche der Karten den schwarzen Fleck habe, zeigte sie tatsächlich auf die Karte, welche ich auf der Rückseite mit einem kleinen Kreuz versehen hatte. Diesen Versuch wiederholte ich mehrmals, wobei sie jedesmal die richtige Karte herausfand. Meine spätere Suggestion, der Arm werde leicht, wurde jedoch wiederholt nicht empfunden. Das war für mich der Ausschlag, die bekannten Hypnosestufen zu verwerfen und künftig auch keine Beweisversuche mehr durchzuführen. Hier zeigt sich, daß die Leistung, die der Mensch in der Hypnose vollbringen kann, abhängig von seinen Möglichkeiten ist.

Natürlich handelt es sich hier um einen besonderen Fall, der nicht immer eintritt. Hätte ich aber aus dem ersten Experiment geschlossen, daß eine Hypnose nicht möglich ist, so wäre für mich dieses erstaunliche Experiment mit den Karten verborgen geblieben. Das ist auch ein Faktum, das Ärzten und Heilpraktikern zu denken geben sollte. Vielen Patienten hätte geholfen werden können, wenn man auf die fraglichen Beweise der Hypnosetiefe verzichtet hätte.

Darum ist dieser dritte Bereich so universell. Man sollte auf eine Analyse der Hypnosetiefe verzichten, damit nicht die Möglichkeiten eingeengt werden. Dazu noch folgende Anmerkung: Auch wenn das Kartenexperiment eine sehr tiefe Hypnose erfordert, so hat die Versuchsperson immer noch den Eindruck, sie sei nicht sehr tief in Hypnose gewesen. Das liegt daran, daß man selbst den Zustand der Hypnose nicht oder nur unwirklich erlebt. Wenn jedoch nach der Hypnose die Frage kommt, wie lange nun die Versuche gedauert haben, so kann es geschehen, daß die Person von 20 Minuten spricht, tatsächlich aber 90 Minuten vergangen sind. Diese Erscheinung tritt auch bei spannenden Filmen oder bei interessanten Unterhaltungen auf. Sie ist ein sicheres Zeichen, daß vieles, was in dieser Zeit geschieht, als Suggestion in uns einfließt. Fehlendes Zeitgefühl ist ein sicheres Zeichen für ein eingeengtes Bewußtsein.

Bestimmt finden Sie es toll, wenn ein Showmaster dieses Gefühl von Zeitlosigkeit vermittelt. Bedenken Sie aber auch, daß Ihr Urteil über die Sendung von dieser Einengung abhängt.

Die 4. Stufe

Dieser Bereich hebt sich von den anderen entscheidend ab, wenngleich er in die vorherstehenden Stufen teilweise eingreift. Diese letzte Stufe ist so entscheidend anders, weil sie hauptsächlich an den Personen zu messen ist. Es handelt sich um einen Bereich, der den meisten Menschen verborgen bleibt. Wenn man davon ausgeht, daß die Hypnose das Vorstadium zum Schlaf ist, dann war das Ende der Stufe drei bereits für viele Menschen der Moment, in dem Hypnose in Schlaf übergeht. In der dritten Stufe war es sogar möglich, Operationen durchzuführen. Ich habe diese Stufe nicht ohne Grund sehr weit ausgelegt, denn die Möglichkeiten sind sehr vielfältig. In der vierten Stufe jedoch ist einerseits das tiefste Stadium erreicht, andererseits zeigen sich hier ganz außergewöhnliche Aspekte.

Jetzt ist tatsächlich ein Zustand eingetreten, der selbst für die Versuchsperson nicht mehr faßbar ist. Er ist für eine Therapie eher ungeeignet und wird auch bei der Rückführung den Erfolg nicht verstärken können. Es handelt sich um einen Bereich, der nur einer recht kleinen Gruppe von Versuchspersonen vorbehalten bleibt. Es handelt sich dabei um Menschen, die im Leben sehr stark beeinflußbar sind. Glauben Sie bitte nicht, daß hier die Dummheit den Weg bereitet. Eher sind es stark gefühlsbetonte Menschen, die auf ihre Art in einer bestimmten Richtung besonders leistungsfähig sind. Man könnte sagen, daß es sich um eine gewisse Form von Genie handelt. Es findet hier eine so starke Spaltung des Bewußtseins statt, daß man geneigt sein könnte, von einer gewissen künstlich erzeugten Schizophrenie zu sprechen. Nicht, daß durch die Hypnose eine Geisteskrankheit entstehen würde, doch diese Menschen sind in der Lage, den Geist für unvorstellbare Leistungen einzusetzen.

Fälschlicherweise wird dieser Zustand als kennzeichnend für die Hypnose hingestellt, was aber ein entscheidender Fehler ist. Er ist eher die Ausnahme, was Anwender der Hypnose bestimmt bestätigen können. Für ca. 90% der Menschen endet die Hypnose in Stadium 3. Die verbleibenden 10% sind also nicht repräsentativ für die Beschreibung der Hypnose. Die Höchstleistungen dieser Gruppe sind so erstaunlich, daß man geneigt ist, von besonderen Menschen zu sprechen. So ist es tatsächlich möglich, schon nach der Einleitung der Hypnose, spätestens nach einigen Minuten, bei diesen Personen den tiefsten Punkt der Hypnose zu erreichen. Viele dieser Menschen sind sogenannte Erschöpfungsschläfer, die schon nach wenigen Sekunden in den Schlaf sinken. Analysiert man diesen angeblichen Schlaf, so bemerkt man, daß dieser Mensch eine auffallende Stoßatmung nach dem Einschlafen zeigt.

Es handelt sich hier tatsächlich noch nicht um den Schlaf, sondern um eine besondere Form der Hypnose. Bilder geistern durch den Kopf und ganze symbolische Filme laufen vor dem geistigen Auge ab. Spricht man eine solche Person ruhig an, so wird sie mit Sicherheit kurz danach diesen Film als gegebene Tatsache erzählen. Eine Unterhaltung in diesem Zustand zeigt, daß der Fragesteller mit in den Film einbezogen wird. Gerade die Deutung dieser Erzählungen zeigt die Probleme, die den Schläfer beschäftigen. Weckt man die Person sofort nach der Schilderung und spricht sie darauf an, wird sie sich ganz genau an den Traum erinnern, weiß jedoch nicht, daß man mit ihr gesprochen hat. Möglicherweise handelt es sich hier um REM-

Phasen, die noch vor dem Schlaf auftreten. Wenn man die Person weiter beobachtet, treten diese Phasen in kurzen Abständen regelmäßig wieder auf, um später abzuklingen und in einem tiefen Schlaf zu enden. Diese besondere Form des Einschlafens ist auch für die Möglichkeit der tiefsten Form der Hypnose kennzeichnend. Besonders bei Kindern tritt diese Schlaferscheinung auf. Aber auch bei einigen Erwachsenen. Darunter sind viele mögliche Schlafwandler. Die Nacht ist also umgeben von den Phänomenen der Tiefenhypnose. Sie werden nun auch verstehen, warum es gefährlich ist, einen Schlafwandler einfach wachzurütteln. Damit wird nämlich nicht der ganze Zustand dieser Tiefenhypnose aufgelöst. Vielmehr wird derjenige den Eindruck machen, als hätte er keine Orientierung mehr, wo er eigentlich ist. Immerhin lebt er ja in einem Film, der vor seinem geistigen Auge abläuft. Die Tatsache, daß sich unser Schlafwandler nicht mehr an das nächtliche Erlebnis erinnert, zeigt uns, daß wir ihn durch unsere Wachrüttelei nicht geweckt haben, sondern daß er lediglich im Zustand der Wachhypnose unsere Anweisung befolgte, wieder ins Bett zu gehen.

Man muß nun daraus nicht schließen, daß nur der Schlafwandler in diesen tiefsten Hypnosezustand versinken kann. Erinnern wir uns, daß die Hypnose ein Lernprozeß ist. So ist es natürlich in vielen Fällen auch durch die Wiederholung der Hypnose möglich, auf diese Stufe zu gelangen.

Meine Versuche haben gezeigt, daß Menschen in diesem Zustand sogar bestimmte Vorgänge beschreiben können, die viele Kilometer entfernt geschehen. Auch ist es vorgekommen, daß tatsächlich Ereignisse vorhergesehen wurden. Gerade diese Untersuchungen zeigen, welche Möglichkeiten unser Geist hat. Ich habe über die Hellseher, die unser Land überschwemmen, schon gesprochen. Der größte Teil davon kann nicht mehr vorhersehen als Sie. Aber es gibt tatsächlich einige wenige Personen, die diese erstaunliche Gabe haben. Der Versuch der BILD-Zeitung, einige Hellseher dazu zu bewegen, die Lottozahlen für das Wochenende vorherzusagen, zeigte die Größe unserer bekannten Hellseher. Das Ergebnis war traurig. Das kann aber nicht verwundern. Jeder Mensch wünscht sich nichts mehr, als eine solche Fähigkeit zu besitzen. Daß unter Hypnose diese Experimente positiv waren, erstaunt. Dr. Bender, der in Freiburg seine parapsychologischen Forschungen durchführte, hat in vielen Versuchen festgestellt, daß es tatsächlich Menschen gibt, die überdurchschnittlich genaue Voraussagen machen können. Doch ich glaube auch, daß er diese Personen nicht unbedingt unter den Hellsehern gefunden hat.

Und doch hat der Hellseher einige Fähigkeiten, die seine Tätigkeit rechtfertigen. Er kann Zusammenhänge schnell durchschauen und Menschen sehr gut einschätzen. Doch gehen wir zurück zu unseren Versuchspersonen.

In diesem vierten Stadium zeigt sich eine geringe Kritikfähigkeit. Das könnte den Schluß zulassen, daß gerade diese Personengruppe besonders für Verbrechen mißbraucht werden könnte. Doch Versuche zeigen, daß hier die Ohnmacht dem Treiben schnell ein Ende bereitet. Einen Mörder kann man nicht suggerieren.

Bei den Rückführungen zeigten sich erstaunliche Ergebnisse. Ich erhielt Berichte, die lückenlos nachgewiesen werden konnten. Doch das war auch bei der dritten Stufe der Fall. Das zeigt, daß dieser Tiefstzustand nicht für die Rückführung nötig ist und bei den meisten Menschen Berichte über frühere Existenzen zu erhalten sind. Dabei braucht man in einigen Fällen etwas länger, bei anderen geht es ganz schnell. Wenn Sie künftig über die Hypnose sprechen oder nachdenken, dann wäre es schön, wenn Sie Ihre möglicherweise falschen Vorstellungen etwas revidieren würden.

12

Die Anwendungsbereiche der Hypnose

Das Wort Hypnose ist zu einem Begriff geworden, den jedes Kind kennt. In vielen Fällen hat man schon eine Bühnenhypnose gesehen oder ließ sich sogar von der schwebenden Jungfrau faszinieren. Doch das ist nicht alles, was man über die Hypnose weiß. Vielen ist bewußt, daß es sich um einen Entspannungszustand handeln muß, der für den Betrachter möglicherweise einer totalen Abwesenheit gleicht. Doch es gibt auch Zeitgenossen, die Hypnose für Teufelswerk halten und beim Nennen des Namens schon verschwinden. Mancher hat einen Bekannten, der sich damit beschäftigt und mußte schon für Experimente herhalten.

Der Wunsch der Menschheit, ein Mittel in der Hand zu haben, welches Macht über andere Menschen gibt, ist schon alt. Wer hätte sich nicht schon einmal gewünscht, allein mit den Gedanken etwas zu bewegen, und viele Menschen haben schon über dieses Thema gelesen. Hypnose ist faszinierend.

Dem Fachmann fällt auf, daß die Vorstellungen der Masse leider mehr von Filmen wie Dr. Mabuse geprägt sind, als von den unzähligen Versuchen, die Hypnose wirklich zu erklären. Ich selbst stoße auf die verschiedensten Vorstellungen. Ich möchte deshalb die Anwendungsgebiete der Hypnose darstellen. Die schwebende Jungfrau ist übrigens ein Trick, denn der Wunsch des Menschen, die Schwerkraft zu überwinden, ist leider nie geglückt, auch wenn einige Veröffentlichungen über übersinnliche Leistungen uns das glauben machen wollen. Auch die Spiele auf der Bühne sind relativ. Der Hypnotiseur nutzt hier einige Vorteile aus. Erstens ist die Erwartungshaltung der Zuschauer sehr stark, andererseits spielen viele Versuchspersonen brav mit. Das soll aber nicht heißen, daß auf der Bühne keiner in Hypnose sei. Der Mensch ist immer das, was er sich einbildet. Wer Einbildung vermitteln kann, der hat schon mit der einfachen Suggestion Erfolg. Sogar tiefe Hypnosen sind auf der Bühne möglich. Es gibt viele Personen, die sehr schnell in diesen Zustand sinken können und dann werden faszinierende Experimente möglich. Ich möchte nun von diesem Bereich abschweifen und den Show-Hypnotiseuren nicht das Geschäft verderben, indem ich die Zusammenhänge zu genau darstelle. Auch wenn diese Hypnotiseure von vielen Therapeuten angegriffen werden, so möchte ich auch etwas zu bedenken geben. Manchem Arzt täte die Bühnenarbeit gut und er würde lernen, die Patienten nicht einfach abzufertigen, sondern eine Hypnose einzuleiten. Ich selbst habe vor einigen Jahren in Norddeutschland einige Rückführungen mit Personen aus dem Publikum gemacht und muß mich bestimmt nicht dafür schämen. Es war eine gute Möglichkeit, die Hypnosearbeit hautnah zu erleben, und da ich auch für die Fragen der Zuschauer zur Verfügung stand, habe ich viele Freunde durch diese Arbeit gewonnen.

Ich möchte Ihnen nun erst einmal das Gefühl schildern, das man in der Hypnose hat. Nach Anwendung einer Hypnosetechnik, die nicht unbedingt ein Pendel sein muß, wird man die Augen schließen. Die Hypnose ist bereits eingetreten, wenn eine Art Schwindelgefühl spürbar wird. Es ist das Zeichen, daß sich etwas in uns verändert. In diesem Zustand ist man aber eigentlich noch wach. Wenn wir nun die Augen öffnen, stellen wir nach einiger Zeit fest, daß wir einen Druck über den Augen verspüren. Das ist ein Zeichen dafür, daß jetzt schon Suggestionen für das Wecken aus diesem Zustand nötig wären. Werden diese Suggestionen nicht angewendet, treten Kopfschmerzen auf.

Schließen wir nun wieder die Augen, werden wir feststellen, daß uns noch viele Gedanken durch den Kopf gehen. Das war uns eben, als wir die Augen geöffnet hatten, nicht aufgefallen. Diese Gedanken entstehen automatisch, und kaum ein Mensch kann sie wirklich ganz unterbinden. Hier zeigt sich auch die Problematik beim autogenen Training, bei dem viele Menschen aufgrund der Gedanken eher ein Gefühl der Unruhe verspüren und den Versuch als gescheitert ansehen. Je mehr Gedanken aber auftreten, umso mehr Probleme beschäftigen uns. Ein ausgeglichener Mensch wird kaum Probleme beim autogenen Training bekommen. Aber was nutzt dann diese Entspannungsübung, wenn sie nur bei ausgeglichenen Menschen wirklich voll wirksam wird?

Das ist eine gute Frage. In meinen Augen bringt das autogene Training nicht den Erfolg, den man erwartet. Aus diesem Grund habe ich mich auf die Selbsthypnose spezialisiert. Daraus ist ein ganz neues System geworden, welches mit der Selbsthypnose im Volksmund kaum vergleichbar ist. Ich nenne es ganz einfach »POWER TRAINING«. Das hört sich gewaltig an und so wirkt es auch. Grundsatz für dieses spezielle Training ist das umfassende Wissen über die unterbewußten Zusammenhänge. Ohne Theorie geht hier nichts und man muß schon einige Stunden opfern, um alles erlernt zu haben. Aber dann steht dem Erfolg in jeder Hinsicht nichts mehr im Wege. Natürlich ist auch hier die eigene Einstellung für den Erfolg entscheidend. Wenn das Training erlernt ist, dann genügt es, einfach einen festgelegten Begriff zu denken, und sofort werden die Suggestionen, die Sie sich geben, wirksam. Auch um das Wecken aus diesem Zustand brauchen Sie sich keine Gedanken mehr zu machen, denn alles ist als automatischer Vorgang im Unterbewußtsein gespeichert und wirksam. Sie haben sogar die Möglichkeit, dieses System anzuwenden, ohne die Augen zu schließen. Jetzt werden Sie auch verstehen, warum diese automatischen Abläufe eine Sicherheit darstellen. Sogar ein Programm für das Erkennen einer negativen Suggestion ist darin enthalten. Wenn Sie also etwas Falsches eingeben, wird der Zustand sofort aufgelöst, und Sie werden wieder wach. Es hat viele Jahre der Forschung bedurft, bis dieses System vollkommen fertig war.

Viele Menschen haben bei mir dieses System gelernt und Erfolg gehabt. Geschäftsleute erreichten ihre Ziele und viele Menschen haben die Selbstheilungskräfte in sich mit Erfolg aktiviert.

Um dieses System zu erstellen, habe ich viele Experimente durchgeführt. Ich bezeichne mich als Hypnoseforscher, weil ich meine, daß die Hypnosesysteme einfach zu unvollkommen sind, als daß man sie wirklich umfassend einsetzen könnte. Das zeigen auch die Äußerungen von Menschen, die schon irgendwo eine Hypnosebehandlung versucht haben.

Wenn man nun betrachtet, was eigentlich in Hypnose alles erreicht werden kann, so ist die Liste sehr lang. Das bedeutet aber nicht, daß jeder Anwender alle Erfolge hat. Hier kommt es auf viele Faktoren an. Das Wichtigste ist bestimmt die Lebenserfahrung und die Persönlichkeit des Hypnotiseurs. Man muß lernen, ein ganz neues Verhältnis zum Menschen aufzubauen. Wenn man wie ich viele Jahre geforscht hat, kommt man irgendwann an einen Punkt, der faszinierend ist. Man sieht bildlich das, was in den Vorstellungen der Versuchsperson vorgeht. Man wird eins mit den Gedanken und Bildern und kann so diese Menschen sicher führen. Hypnose ist nur möglich, wenn zwischen der Versuchsperson und dem Hypnotiseur ein Vertrauensverhältnis besteht.

Bevor wir zu den verschiedenen Einsatzgebieten der Hypnose kommen, noch einige allgemeine Anmerkungen, die Sie genau beachten sollten, bevor Sie sich für eine Hypnose-Behandlung entscheiden. Leider gibt es nur wenige gute Fachleute, die die Hypnose nicht nur sporadisch anwenden. Vielfach verfallen Ärzte auch hier in Abfertigungsmethoden, die eher den Glauben an die Hypnose zerstören als helfen. Die 15-Minuten-Hypnose ist bestimmt nicht das geeignete Mittel, um wirklich etwas zu bewegen. Auch wird vielfach auf ein umfassendes Vorgespräch verzichtet. Wenn Sie Vertrauen in die Hypnose gefaßt haben und damit eine Krankheit bekämpfen möchten, sollten Sie folgende Dinge beachten:

1. Es ist ein umfangreiches Vorgespräch notwendig. In diesem

sollte erklärt werden, wie die Hypnose zustande kommt und was Sie selbst an Mithilfe einbringen können. Ebenso müssen alle Faktoren, die Ihr Problem betreffen, angesprochen werden. Machen Sie sich dazu schon vor dem ersten Gespräch eine Liste, die für Sie wichtige Erlebnisse beinhaltet. Schreiben Sie sich auch alle Fragen auf, die Sie zu der Hypnose haben. Je besser Sie sich vorbereiten, um so schneller wird der Arzt erkennen, was er tun muß.

2. Sie sollten Ihrem ersten Eindruck vertrauen. Wenn Sie das Gefühl haben, daß man Sie im Ruck-Zuck-Verfahren behandeln will, nehmen Sie am besten Abstand von der Behandlung.
3. Wenn Sie sich an bekannte Personen auf diesem Gebiet wenden, versuchen Sie auch, von dem Entsprechenden persönlich behandelt zu werden. Es gibt die unfeine Angewohnheit, auf diesem Gebiet Personen auszubilden, die Sie gleichzeitig behandeln. Diesen »Assistenten« fehlt in der Regel die so wichtige Erfahrung, und Sie sind ungewollt das Versuchskaninchen und bezahlen einen königlichen Preis dafür.
4. Die meisten Hypnoseanwender rechnen nicht über die Krankenkasse ab. Zum Teil sind daran auch die Krankenkassen schuld, weil dort leider am falschen Ende gespart wird. Sie sind in der Regel zumindest für den größten Teil des Betrages selbst verantwortlich.
5. Wenn Sie eine Behandlung beginnen, vergessen Sie am besten alles, was Sie bisher über Hypnose gehört haben. Jeder Arzt hat seine eigenen Systeme.
6. Versuchen Sie nicht, Ihren eigenen Hypnosezustand zu analysieren. Erstens haben Sie als Hypnotisierter keine Anhaltspunkte für die Hypnosetiefe und zweitens ist bei den meisten Behandlungsarten nur eine durchschnittliche Hypnosetiefe nötig. Wenn Sie trotzdem meinen, ein Gefühl für die Vorgänge haben zu können, dann versuchen Sie doch einfach einmal festzustellen, wie lange Sie vor dem täglichen Einschlafen im Zustand der Hypnose gewesen sind. Sie können ja nur schlafen, wenn Sie durch den

Zustand der Hypnose hindurch sind. Sie werden feststellen, daß Sie dafür kaum ein Zeitgefühl haben.

7. Glauben Sie nicht, daß eine Hypnose bei Ihnen nicht möglich wäre. Sie sind täglich vor dem Einschlafen in diesem Zustand. Wenn es nicht klappen sollte, dann liegt das möglicherweise an der eigenen Unfähigkeit, die Gedanken abzuschalten, oder auch an der Tatsache unausgesprochener Spannungen zwischen Ihnen und dem Therapeuten.
8. Wenn Sie hypnotisiert werden, vermeiden Sie bitte jede Anstrengung. Wenn Sie versuchen, es besonders gut zu machen, dann geschieht meist das Gegenteil. Natürlich sollten Sie auch nichts dagegen tun. Nichts denken und nichts wollen ist die beste Einstellung, die immer zum Erfolg führt.
9. Vermeiden Sie vor, während und nach der Hypnose alle Grübeleien. Lassen Sie die Suggestionen auf sich wirken und vermeiden Sie immer auch nach dem Wecken eine Analyse. Je weniger Sie grübeln, um so schneller stellt sich der Erfolg ein.
10. Wenn das Vorgespräch Ihre Zweifel nicht ausräumen konnte, dann sollten Sie dem Arzt dies sagen. Lügen und Unehrlichkeit nützen dem Arzt und auch Ihnen nichts. Zeigt sich trotz aller Gespräche keine Änderung Ihrer Einstellung, dann beginnen Sie erst gar nicht mit der Hypnose.
11. Sollten Sie mit der Behandlung kein wirkliches Ziel verfolgen, ist auch die Wirkung der Hypnose nur gering. Hypnose ist keine Spritze. Auch wenn Sie selbst passiv die Hypnose erleben, so sollte doch vorher klar sein, was Sie erreichen wollen. Das bezieht sich ganz besonders auf die psychologische Behandlung.
12. Wenn man die Hypnose bei Ihnen mit Medikamenten einleiten will, nehmen Sie unbedingt Abstand von einer Behandlung. Medikamente sind keine Garantie für die besondere Wirksamkeit der Hypnose, sondern ein sicheres Zeichen, daß der Behandelnde anders nicht zu seinem Ziel kommt. In der Hypnose ist das Unterbewußtsein über-

wach, bei Medikamenten aber eher gedämpft. Sie können in einigen wenigen Fällen angeraten sein, aber wenn Sie bemerken, daß dort grundsätzlich so gehandelt wird, ist das ein negatives Zeichen. Wer durch Vertrauen und Persönlichkeit nicht weiterkommt, der ist auch unfähig, Ihre Probleme zu erkennen. Also Finger weg von solchen Praktiken!

Wenn Sie sich an diese Punkte halten, werden Sie auch die Arbeit des Arztes unterstützen. Es sind Grundregeln, die bei jeder Hypnose gültig sind. Dabei ist es egal, aus welchem Grund die Hypnose angewendet wird. Vergessen Sie auch nicht, daß Ihre persönliche Meinung und Einstellung nicht unbedingt richtig sein muß. Sie kennen bestimmt Menschen, die auf alles eine Antwort haben. Wenn Sie aber sehen, was diese Personen mit ihrer Weisheit erreicht haben, dann ist das meist nicht sehr viel. Wenn Sie meinen, daß Sie etwas besser wissen als der Arzt oder Psychologe, überlegen Sie bitte, was Sie mit Ihrem angeblichen Wissen bisher erreicht haben. Auch hier gilt die Erkenntnis, daß der Mensch das Ergebnis seiner Gedanken ist. Wenn also jemand an Ihren Gedanken etwas auszusetzen hat, dann brausen Sie nicht auf, sondern analysieren, was Sie mit IHREN Gedanken erreicht haben.

Ich komme nun zu den Anwendungsbereichen der Hypnose. Im medizinischen Bereich ist natürlich nur der Arzt oder Heilpraktiker berechtigt, die Hypnose einzusetzen. Wenn Sie einen Psychologen aufsuchen wollen, dann klären Sie vorher mit Ihrem Arzt ab, ob Ihre Probleme nicht körperlicher Art sind. Ihr Arzt kann das beurteilen und auch entscheiden, ob eine psychologische Hilfe angeraten ist.

Der Einsatz der Hypnose in der Medizin

Grundsätzlich sei eines vorausgeschickt: Die Hypnose vermag nicht, einen fehlenden Arm nachwachsen zu lassen. Genauso ist es auch bei allen anderen Körperschädigungen, die nicht rückgängig gemacht werden können.

Beginnen wir mit einer Reise durch den Körper. Leider wenden nur wenige Ärzte diese Möglichkeit an. Tatsächlich kann man in der Hypnose eine solche Reise unternehmen. In unserem Unterbewußtsein sind alle Informationen über unseren Körper gespeichert. Das ist logisch, denn wir alle kennen Beispiele für die automatische Heilungsmöglichkeit des Körpers. Gibt es einen Krankheitsherd, werden entsprechende Mittel dagegengesetzt. Diese Informationen sind als Bilder gespeichert und daher auch abrufbar. So ist es möglich, ein Magengeschwür bildlich zu sehen. Versuche haben ergeben, daß die Schilderungen von Versuchspersonen später durch Untersuchungen bestätigt werden konnten. Dieses System hat den Vorteil, daß man durch das Lokalisieren des Krankheitsherdes gleichzeitig direkt auf diesen mit Suggestionen eingehen kann. Es zeigte sich, daß Menschen, denen nur mit einer Operation hätte geholfen werden können, schon nach einer Woche dieser Hypnosebehandlung kein Magengeschwür mehr hatten. Das grenzt an ein Wunder, ist aber keines.

Man hat die Möglichkeit, in der Hypnose gezielt einzugreifen und damit sofort eine Veränderung vorzunehmen. Natürlich ist alles das auch durch Selbsthypnose zu erreichen. Doch man darf auch nicht vergessen, warum das Problem entstanden ist. Beides muß bearbeitet werden, wenn es einen Langzeiterfolg geben soll. Das ist auch der Grund, warum nach Operationen in diesem Bereich schon einige Wochen später das nächste Geschwür im Anmarsch ist.

Offensichtlich wird die Leistungsfähigkeit der Hypnose durch ein Experiment. Wenn man einer Versuchsperson in tiefer Hypnose suggeriert, daß eine Münze, die man ihr auf den Handrücken legt, zu glühen beginnt, dann wird von der Person tatsächlich eine unerträgliche Hitze empfunden. Nach einiger Zeit wird sie die Münze wegwerfen. Man kann dann nach einiger Zeit eine deutliche Rötung der Haut an dieser Stelle beobachten, der dann nach ein bis zwei Stunden eine Brandblase folgt. Wir erkennen hier ganz deutlich, welche

Macht von der Suggestion ausgeht. Es ist falsch, wenn man meint, die Brandblase würde durch Hitzeeinwirkung gebildet. Vielmehr ergreift das Unterbewußtsein geeignete Gegenmaßnahmen und bildet hier die bekannte Brandblase.

Dieser Versuch zeigt uns, wie die Hypnose in der Medizin genutzt werden kann. Alle geregelten Vorgänge in unserem Körper können durch Hypnose verändert werden. Das bezieht sich auf den Kreislauf, den Stoffwechsel und auch begrenzt auf das Blutbild. Alle Funktionen in uns sind unterbewußt gesteuert und können entsprechend der Veränderung des unterbewußten Inhalts verändert werden. Das bezieht sich insbesondere auf die Verdauungsorgane. Hier wirken negative psychische Einflüsse besonders schnell, und daher ist auch eine schnelle Hilfe möglich. Allein die Suggestion der Wärme wird hier innerhalb kurzer Zeit eine positive Veränderung bringen.

Ein weiterer Bereich liegt in der Anwendung bei Operationen. Durch den Einsatz der Hypnose wird hier eine Dämpfung des Schmerzes erreicht, und der Patient verspürt nur einen tauben Druck, der durchaus erträglich ist. Der Vorteil liegt hier auf der Hand. Risiken bei der Narkose werden ausgeschaltet, wobei natürlich immer sichergestellt sein muß, daß man im Notfall sofort eine Narkose geben kann. Bei schweren Operationen wird man aber davon absehen, und in der Regel wird in Deutschland nicht in Hypnose operiert. Das ist auch zu verstehen, denn nicht bei jedem Menschen klappt dieses Experiment, und auch die Vorbereitungszeit ist erheblich. In der Zahnmedizin ist diese Möglichkeit jedoch in vielen Fällen anwendbar.

Bestimmt haben Sie schon bemerkt, daß die Nutzung der Hypnose im Bereich des Körperlichen immer im Verändern des Unterbewußtseins liegt. Das bedeutet auch, daß durch unsere Gedanken und unsere Lebensweise diese Probleme mitentstanden sind. Alles, was man durch die Hypnose heilen kann, ist auch durch richtiges Leben vermeidbar. Darum ist es wichtig, daß man rechtzeitig über seine Situation nachdenkt und mit geeigneten Mitteln etwas dagegen unternimmt. Die schlechteste Form, etwas zu tun, liegt in der Einnahme von Medikamenten.

Ich möchte hier ganz besonders darauf hinweisen, daß die Werbung für Zigaretten bereits eingeschränkt ist, aber nicht für das angeblich tolle Schmerzmittel, welches den Schmerz einfach abschaltet. Schon junge Mädchen werden geschickt umworben, um den Umsatz dieser Schmerzschalter zu steigern. Die positive Bilanz dieser Unternehmen zeugt von der verheerenden Bilanz des Volkes. Monatsschmerzen? Kein Problem. Kinder beginnen den Weg in die Welt der Erwachsenen mit der Tablette, die auf Dauer unser Gesundheitssystem nur belastet. Wo bleiben eigentlich diese vielen Tabletten, die Millionen pro Jahr einbringen? In unseren Köpfen? In unseren Nieren? Wissen Sie es? Wer regelmäßig Tabletten konsumiert, kann auch ruhig rauchen. Wir müssen schon arm dran sein, wenn eine ganze Gesellschaft wegen jedes Schmerzes schreit, als ginge es um das Leben. Was haben eigentlich unsere Vorfahren gemacht. Erinnern Sie sich noch?

Wenden wir uns erfreulicheren Themen zu. Ich versichere Ihnen, daß Sie selbst Möglichkeiten haben, etwas zu verändern. Das ist auch das Stichwort für den nächsten Bereich, in dem man die Hypnose anwenden kann.

Hypnoseanwendung in der Psychologie

Auch wenn ich die Anwendung in zwei Teile geteilt habe, ist, wie schon gesagt, die Anwendung auch im medizinischen Bereich eine psychische Beeinflussung. Doch es ist nötig, diese Unterscheidung zu machen, weil es eine Frage der Kompetenzen ist. Der Arzt ist für den körperlichen und auch psychischen Bereich zuständig, der Psychologe, Psychotherapeut und Priester jedoch nur für den psychologischen Bereich. Man hört in den letzten Jahren immer deutlicher den Ruf der Ärzte, daß auch der psychologische Bereich dem Arzt vorbehalten sein sollte. Doch hier setzt sich diese Berufsgruppe selbst eine Grenze. Auch wenn man befürchtet, eine Verdienstquelle weniger zu haben, so muß man eingestehen, daß die Ärzte kaum die nötige Zeit haben, wirklich entscheidende Hilfe auf diesem Gebiet zu leisten. Sichere Anzeichen hierfür finden wir in der Anwendung von Psychopharmaka durch die Ärzte. Man kann als Außenstehender kaum erahnen, wieviele Menschen in unserem Land von Valium und anderen Mitteln abhängig sind.

In den Praxen von Psychotherapeuten mehren sich die Fälle, wo Menschen tablettensüchtig sind, und voller Probleme die Hilfe der Psychologie suchen. Leider wird diese Hilfe zu einem Problem. Man hat über viele Jahre hin Tabletten geschluckt, ohne die Ursachen wirklich aufzuspüren und zu verarbeiten. Was für den Arzt zu Beginn der Behandlung noch eine einfache Sache ist, wird nach Jahren zum unlösbaren Problem. Man muß sich einmal klarmachen, wie das Ergebnis dieser Fahrlässigkeit aussieht. Dazu ein erfundener Fall, der das Problem kennzeichnet.

Frau X hat im Alter von 30 Jahren erstmals am eigenen Leibe gespürt, wo die Grenze des Menschen ist. Sie war immer schon ein Typ, der viel grübelte und im letzten Urlaub geschah es. Sie lief mit ihrem Freund am Strand entlang und bemerkte dann, daß ihr Herz zu stechen begann. Auch kam ein Gefühl des Schwindels auf. Sie fühlte sich einfach miserabel. Sie bat den Freund, sie ins Hotel zu bringen und einen Arzt zu rufen.

Sie hat das Gefühl, als würde alles in ihr zittern und sie bekommt Angst. Irgend etwas ist mit ihr, das sie bisher nie erlebt hatte. Der Arzt kommt und gibt ihr eine Beruhigungsspritze, der einzige Ausweg, um die Angst und die innere Unruhe einzudämmen. Schon nach kurzer Zeit geht es ihr besser. Der Arzt erkennt, daß die Frau erschöpft ist. Bei dem Gespräch stellt sich heraus, daß sie rund um die Uhr grübelt und nur schwer einschlafen kann. Manchmal hat sie auch mitten in der Nacht das Gefühl, hellwach zu sein und Bäume ausreißen zu können. Sie meinte immer, daß sie zuviel Energie habe – und jetzt so etwas.

Der Arzt verschreibt ihr Tabletten, die das dauernde Grübeln unterbinden und so zu einer Besserung des Allgemeinzustandes führen sollen. Viele Monate später nimmt Frau X immer noch Tabletten, um psychisch ruhiger zu sein. Nach einiger Zeit bemerkt sie, daß es ohne die Tabletten Probleme gibt. In dieser Zeit hat sich unmerklich die Angst in ihr gesteigert, noch einmal so etwas erleben zu müssen. Das zeigt sich im nächsten Jahr, als man einen Urlaub plant. Sie redet ihrem Freund den Urlaub aus.

Mit den Jahren nimmt sie immer mehr Tabletten, um wenigstens einigermaßen leben zu können. Dann aber entschließt sie sich, etwas in ihrem Leben zu ändern, weil es so nicht weitergehen kann. Ihr Wunsch, endlich von den Tabletten wegzukommen, wird zu einem Entschluß. Sie findet in einer Klinik die Möglichkeit, einen Entzug mitzumachen. Nach vier Monaten gibt sie auf, weil die Entzugserscheinungen unerträglich werden und sich die Aussage des Klinikarztes nicht erfüllen will. Er hatte ihr gesagt, daß in einigen Wochen diese Erscheinungen verschwunden sein würden. Es sind aber schon über vier Monate vergangen, und sie leidet immer mehr. Sie wird auf eigenen Wunsch entlassen, und ihr erster Gang ist der zum Hausarzt. Wieder werden die Tabletten verschrieben. Nach kurzer Zeit sucht sie einen Heilpraktiker auf, von dem sie ähnliche Präparate verlangt. Dieser weiß nichts von der Zweigleisigkeit, auf der die Patientin fährt. Noch innerhalb des Jahres besucht sie einen zweiten Heilpraktiker, und auch er bemüht sich, der Frau zu helfen.

Dann geht sie zu einem Psychotherapeuten, der im Laufe der Gespräche feststellt, daß sie tiefliegende Probleme hat, die für den Vorfall im Urlaub verantwortlich sind. Doch leider stellt sich heraus, daß die Frau jetzt auf ein Wunder hofft, und es fällt ihm schwer, ihr nun die Wahrheit sagen zu müssen. Sie ist härter und grausamer, als die Frau befürchtet hatte.

Erstens sind die Probleme zu verarbeiten, andererseits ist die Tablettensucht vorhanden. Ein Zwiespalt tut sich auf. Macht man jetzt erst einmal einen Tablettenentzug, werden die Probleme an die Oberfläche kommen und dazu die Entzugserscheinungen. Auch kann er ihr keine Hoffnung machen, daß die Entzugserscheinungen innerhalb kurzer Zeit vorbei sein werden. Vielmehr kamen diese Erscheinungen damals beim

Entzug erst richtig zur Wirkung, als gerade vier Monate vergangen waren. Sie hätte damals mindestens ein Jahr durchhalten müssen, um überhaupt eine spürbare Besserung zu erleben.

Oder sollte man erst einmal versuchen, die Probleme zu verarbeiten? Doch bei diesem Versuch wird sich eine gewisse Passivität zeigen, denn es ist eher langweilig, andauernd über Probleme zu reden, und letztlich ändert sich nicht viel. Ein Drama bahnt sich an. Das Beste wäre es, beides zusammenzufassen und im Entzug gleichzeitig die Probleme aufzuarbeiten.

Ich möchte die Lösung des Problems offen lassen. Sie werden aber erkennen, daß es keinen anderen Weg gibt, als eine Entscheidung zu treffen und dann durchzuhalten, egal, was geschieht. Doch gerade der Tablettenabhängige ist kaum zu einem wirklich endgültigen Entschluß fähig. Sie werden unschwer erkennen, daß bei allem guten Willen die Gefahr besteht, daß die Frau wieder aufgibt, um irgendwann wieder an den Punkt zu kommen, wo sich endlich etwas ändern muß.

Auch wenn es den Anschein hat, daß die Frau sich eher passiv an den Therapeuten wendet und erwartet, daß er ein Wunder vollbringt, muß man das Handeln verstehen. Die Frau hat damals, als die Weichen in Richtung Verderben gestellt wurden, dem Arzt vertraut und gemeint, daß die Tabletten nach kurzer Zeit den Zustand verbessern würden. Man hat ihr nicht gesagt, daß es wichtig ist, sofort gezielt die Probleme aufzudecken und zu verarbeiten. Diese Unterlassung aber ist kein Einzelfall. Wir können allein am Konsum von Valium ermessen, wieviele Menschen in solche Probleme verstrickt sind. Es ist eine unvorstellbare Zahl. 90% dieser Leidenden gäbe es nicht, wenn man endlich reagieren würde und nicht immer den Versprechungen der Pharmaindustrie und der Eitelkeit vieler Ärzte erliegen würde. Darum meine ich, daß die Ärzteschaft Bilanz ziehen und nicht auch noch die Dreistigkeit besitzen sollte, dem jetzt tablettenabhängigen Patienten von damals mit psychologischen Sprüchen sein Problem erklären zu wollen. Man macht als Außenstehender den Fehler, zu meinen, daß Patienten selbst von Tabletten abhängig werden.

Leider gibt es aber so etwas nicht. Am Anfang steht immer der Arzt. Es gibt natürlich auch andersdenkende Ärzte, aber die Zahl der Tablettensüchtigen ist eine Bilanz für die Fehler dieser Berufsgruppe. Verbohrtheit verbietet dem Arzt, mit einem Nichtmediziner zusammenzuarbeiten. Es zählt in unserem Land nicht die Erkenntnis »Wer heilt, hat recht«, sondern die Meinung »Wer den Titel besitzt, hat recht«. Welch fatale Entwicklung!

Der ganze psychologische und pädagogische Bereich bietet Beispiele dafür, wie wenig weit wir erst auf dem psychologischen Sektor sind. Es müssen noch viele Jahre vergehen, bis tatsächlich eine Änderung eintritt. Aber ich bin auch zuversichtlich, denn Tendenzen zur Besserung sind, wenn auch minimal, schon zu erkennen. Dieses Kapitel soll nicht den Medizinern gewidmet sein, sondern Ihnen. Überlegen Sie genau, wenn Sie mögliche Probleme aus der Welt schaffen.

Der einzige Weg, auf dem Sie persönlich etwas daraus lernen, ist die Bereitschaft, rechtzeitig über Ihre Situation nachzudenken. Auch Sie haben Verantwortung für Ihr Leben, nicht Ihr Arzt. Wenn Sie also in eine Situation kommen, die in irgendeiner Weise der von mir erfundenen Geschichte ähnelt, dann vermeiden Sie diesen Weg und seien Sie bereit, etwas Zeit für Ihre Zukunft aufzuwenden. Der Versuch, Probleme mit Tabletten zudecken zu wollen, endet mit absoluter Sicherheit im Chaos. Dazu gibt es eine Faustregel. Eine Behandlung mit Tabletten darf im psychischen Bereich nicht länger als sechs Monate dauern. Hier ist die Schallgrenze. Ist bis dahin das Problem nicht gelöst, und ein Leben ohne Tabletten unerträglich, dann nutzt die Behandlung nichts. Es ist ein sicheres Zeichen, daß mit den Tabletten und Spritzen nur Puder über die Wunde gestreut wird, wobei einem erst sehr spät klar wird, daß unter dieser Puderschicht ein immer größer werdendes Problem dahinwuchert. Die Psychologie ist bisher dazu verdammt, erst eingreifen zu können, wenn das Kind in den Bach gefallen ist. Dabei wäre es schön, wenn in unserem Denken etwas verändert werden würde. Die dumme Meinung, daß man beim Gang zum Psychotherapeuten oder Psychologen die Gewißheit hat, daß man bekloppt ist, zeugt von einer unerklärlichen Naivität in diesem Land. Wenn nichts mehr geht, dann werden Sie einsehen, daß das falscher Stolz war. Das bezieht sich auch auf die Anwendung der Hypnose in der Psychologie. Leider wird Hypnose in den meisten Fällen als letzte Möglichkeit angesehen. Dabei wäre es schön, wenn gleich zu Anfang diese suggestive Methode zur positiven Wende beitragen könnte. Genau dort liegt ihre Stärke.

Was die Psychopharmaka angeht, so gibt es aber auch Fälle, in denen man im Verschreiben von Medikamenten die einzige Lösung sehen kann. Doch diese Fälle sind sehr selten.

Wie setzt man nun die Hypnose im psychischen Bereich ein? Lassen Sie mich etwas weiter ausholen, denn im Gegensatz zum ersten Einsatzgebiet wird es nun etwas schwieriger. Ich habe in dem Kapitel *»Die Macht unserer Gedanken«* die Funktionsweise unseres Unterbewußtseins erklärt. Ich vergleiche den Menschen mit einem Computer. Dort gibt es einen Bereich, den wir den Speicher unserer Erfahrungen nennen wollen. Er speichert alles, was uns betrifft. Natürlich sind dort auch die Ängste und Probleme zu finden. Durch die Hypnose kann man sich recht schnell Zutritt zu diesen Bereichen unseres Unterbewußtseins verschaffen. Aufgabe der Hypnosebehandlung ist es nun, die verborgenen Probleme sichtbar zu machen und diese dann später durch entsprechende Suggestionen zu verarbeiten.

Da die wichtigen Daten für den Therapeuten und vielfach auch für den Patienten recht tief verborgen liegen, ist die Behandlung einer detektivischen Kleinarbeit gleichzusetzen. Je genauer die Zusammenhänge bekannt sind, um so besser wird man durch Suggestionen etwas verändern können. Es ist bestimmt falsch, einfach mit der Hypnosebehandlung zu beginnen. Leider erwarten das viele Menschen, wenngleich das nicht den gewünschten Erfolg bringen kann.

Sie müssen sich die Arbeit so vorstellen: Wie ein Handwerker muß der Therapeut erst einmal die Arbeitsmaterialien zusammenstellen und maßgerecht vorbereiten. In unserem Fall nehmen wir zwei Bretter, die wir anfertigen. Das wird durch die Vorgespräche erreicht. Dann gehen wir dazu über, die Bretter so übereinanderzulegen; wie sie später verbunden sein sollen. Für den Psychologen bedeutet das ein Ordnen der zukünftigen Ergebnisse. Nun muß unser Handwerker noch Nägel bereitlegen, damit die Bretter zusammengefügt werden können. Dazu ist es nötig, an den richtigen Stellen zu nageln. Auch der Therapeut muß erkennen, wo die Schwerpunkte der folgenden Hypnosebehandlung liegen müssen.

Wenn diese Vorbereitungen abgeschlossen sind, braucht man nur noch den Hammer zu nehmen und durch gezielte Schläge das Werk zu vollenden. Dieser Hammer ist die Hypnose. Ein Handwerkszeug, mit dessen Hilfe man etwas vollendet. Das ist auch der Grund, warum man für die Gespräche einen großen Teil der Zeit einrechnen muß. Geht man nicht so vor, besteht die Gefahr, daß man durch die Hypnose das Problem möglicherweise löst, aber sich dann auf anderen Bereichen Probleme einstellen. Man nennt das eine Symptomverschiebung. Darum sollten Sie Verständnis für die Gespräche haben. Je besser Sie mitarbeiten, umso eher kann man an den Zusammenbau gehen.

Sie werden verstehen, daß die einfache Suggestion, daß Ihre Angst vor Hunden verschwindet, nicht viel Sinn haben kann, wenn man nicht genau weiß, warum Sie diese Angst haben. Diese unbedarft angewendete Suggestion bewirkt nur, daß sich Ihr verborgenes »WARUM« einen anderen Weg sucht, um Sie weiterhin in ganz anderer Form zu belasten. Wenn Sie also eine solche Hypnosebehandlung erwartet, dann sollten Sie nachdenken. 50 Sitzungen à 20 Minuten ohne ausgiebige Gespräche sind rundweg bedenklich. Wenn dann die Suggestionen nur den Sinn haben, Ihnen immer wieder nur zu sagen, daß Sie glücklich sind, dann handelt es sich um ausgemachten Blödsinn. Vor einer Behandlung sind folgende Punkte immer zu klären.

1. Welches Problem haben Sie?
2. Woher kommt es? (auch in Hypnose möglich)

3. Seit wann tritt das Problem auf?
4. Was haben Sie bisher unternommen? (auch Behandlungen)
5. Analyse Ihres Lebens von der Kindheit bis jetzt.
6. Warum wollen Sie es ändern?
7. Wie fest ist der Entschluß?
8. Wie denken Sie?
9. Gibt es Zwänge von außen?
10. Wie ist Ihre Zielsetzung?

Das sind einige Punkte, die es zu klären gilt. Dabei sind zwei Punkte ganz wichtig.

1. Woher kommt das Problem?
2. Wie werden Sie Ihre Zukunft gestalten?

In der Therapie ist nicht wichtig, wie Sie über den Moment denken, sondern wie Sie in Zukunft denken werden. Das kann man ermessen, wenn man weiß, wie Sie bisher gehandelt und gedacht haben. Daraus ergibt sich ein Fahrplan, der überlegt erstellt werden muß.

Um letztlich in der Hypnose die entscheidende Veränderung vorzunehmen, bedarf es ausgeklügelter Suggestionen. Diese beziehen sich weniger auf die bisherigen Probleme, sondern auf die zukünftige Lebensweise. Es kann aber auch wichtig sein, die Probleme in der Hypnose plastisch wieder zum Leben zu erwecken und Sie zu veranlassen, sich hautnah damit auseinanderzusetzen. So kann der Erfolg davon abhängen, daß man Ihnen z. B. die Möglichkeit gibt, auf die Probleme einzuschlagen oder sich bildlich gegen einen Menschen zu stellen, der Sie bisher unterdrückt hatte. Die Spielarten sind vielfältig und kaum alle anzusprechen. Doch eines sollte klar geworden sein: Hypnose ist eine aktive geistige Arbeit und kein passives Herumliegen. Daher kann man von Schlaf nicht reden.

Alles, was man in Hypnose erreichen kann, ist auch über Erziehung und Übung erreichbar. Nur dauert Erziehung sehr lange und ist dann täglich von äußeren Faktoren abhängig. Hypnose erreicht das Gleiche in Bruchteilen dieser Zeit. Dabei sei noch eine Anmerkung erlaubt. Reine Hypnosesitzungen, die ohne Gespräche auf die 50 Stunden zugehen, haben keinen Sinn mehr. Das Unterbewußtsein wird für die dauernden, gleichbleibenden Suggestionen taub.

Ideal sind ca. zehn Stunden Gespräche und dann ca. zehn bis zwanzig Hypnosesitzungen mit vorhergehendem Gespräch. Hier ist die Erfolgsquote am größten. Vielfach reichen aber auch insgesamt fünfzehn Stunden aus, um einen umfassenden Erfolg zu haben. Aber das hängt auch von der Mitarbeit des Patienten ab. Gerade die Einstellung und Erkenntnisbereitschaft des Patienten entscheidet mit über Erfolg oder Mißerfolg der Behandlung. Wenn Sie also meinen, Ihr Hypnotiseur hätte versagt, dann seien Sie auch bereit, über Ihren Anteil am Scheitern nachzudenken. Hypnose bedeutet enge Zusammenarbeit und Ehrlichkeit auf beiden Seiten.

Die Anwendung gerade im psychischen Bereich bedeutet wie alle anderen Methoden eine zeitintensive Kleinarbeit. Doch den Vorteil der Hypnose darf man gerade auf diesem Gebiet nicht unterschätzen. Ist erst einmal der Grund gefunden und der weitere Weg sichtbar, dann geht alles recht schnell. Im Gegensatz zur Psychoanalyse, die recht zeitraubend ist und teilweise mehrere Jahre in Anspruch nehmen kann, wird in der Hypnose dieser Prozeß auf Stunden herabgesetzt. Daß ein rechtzeitiges Eingreifen wichtig ist, zeigt ein Fall aus meiner Praxis, den ich Ihnen dazu schildern möchte.

Vor drei Jahren kam der damals elf Jahre alte Gerhard B. aus Frankfurt mit seinem Vater zu mir. Gerhard hatte Probleme in der Schule und es war abzusehen, daß er nicht versetzt werden würde. Seine Zeugnisse waren schon in den letzten Jahren sehr schlecht ausgefallen. Nachhilfestunden brachten nur wenig Erfolg.

Im Gespräch mit Gerhard stellte sich heraus, daß er eigentlich ein recht munterer Geselle war, und ich hatte den Eindruck, daß es nicht an fehlender Intelligenz liegen könnte. Auf die Frage, was er später einmal werden wolle, sagte er mir, daß er Busfahrer werden wolle. Sein Vater war Lkw-Fahrer und Gerhard hatte das Ziel vor den Augen, etwas Besseres zu werden.

Gerade an diesem Fall kann man sehen, daß die Chancengleichheit durch unser Ausbildungssystem nicht gegeben ist, wenn die Orientierung auf das Elternhaus gerichtet ist. Sein Vater war ein fleißiger Mann und Gerhard erkannte seine Leistung an, aber auf die Idee, etwas »Großartiges« zu werden, kam er nicht. Im Gespräch gab ich Gerhard einige Anregungen bezüglich seiner Möglichkeiten in der Zukunft und gab ihm auch zu bedenken, daß es Berufe gibt, in denen man mehr verdienen kann und gleichzeitig seine Neigungen ausschöpfen kann. Es wurde ihm klar, daß er viel bessere Möglichkeiten hat. Damit war ein wichtiger Punkt erreicht. Ein größeres Ziel bedeutet auch größere Leistungen.

Der Hauptgrund für sein schulisches Verhalten war die fehlende Notwendigkeit für Leistung. Busfahrer kann man auch als schlechter Schüler werden. Mit dieser Sicherheit konnte Gerhard sich dem Spiel mit seinen Freunden widmen, ohne etwas für sein Berufsziel zu zerstören. Schule kam also an letzter Stelle. Die Eltern hatten das als eine Faulheit erkannt, denn sonst war er ja aufgeweckt und hatte auch beim Spielen recht schwierige Probleme gelöst. Gerade diese Faulheit ist ein sicheres Zeichen, daß Grund und Motivation zum Lernen fehlen. Es nutzt nichts, dem Kind Vorwürfe zu machen, sondern man sollte überlegen, wie man das ändern kann. Dabei zeigt sich immer wieder, daß Anregungen aus der Familie nur in seltenen Fällen angenommen werden. Das Kind ist auch das Ergebnis der Vorbilder Eltern. Eine Mutter, die täglich über ihr furchtbares Leben sinniert und der Familie mit Sprüchen kommt, wie »Ich arbeite bis in die Nacht, und keiner dankt es mir«, kann der Tochter kein Vorbild sein. Die Tochter wird in der Ehe eher ein Gruselkabinett vermuten und daraus ganz neue Vorstellungen entwickeln. Auch der wiederholte Blödsinn »Aus dir wird ja doch nichts« ist eher ein Eingeständnis der Eltern, daß sie versagen, als eine wirkliche Beurteilung. Durch solche Aussagen werden die zukünftigen Aussichten der Kinder zerstört, und das dauernde Herumhacken auf dem »Versager« soll nur von der Dummheit der Eltern ablenken. Eltern können gar nicht so großartig sein, als daß sie das Recht hätten, Zukunft auf diese Weise zu zerstören. Man könnte manchmal den Eindruck haben, daß diese Eltern Angst haben, daß der Sohn oder die Tochter besser werden könnte als sie selbst. Ein solches Verhalten ist Psychoterror und meiner Meinung nach verwerflich. Es kennzeichnet die Situation der Eltern mit ihren unlösbaren Problemen. Auch handelt es sich vielfach um Eltern, die vor falschem Stolz kaum laufen können.

Im Fall Gerhard war das aber nicht der Fall. Hier versuchten die Eltern eher, den Sohn in jeder Hinsicht zu fördern, doch er konnte diese Hoffnungen nicht erfüllen.

Beim zweiten Termin machte ich mich dann mit Gerhard an die Arbeit, einen zukünftigen Weg zu überlegen. Er hatte jetzt schon ganz bestimmte Vorstellungen, wie er leben wollte. Da er angeblich faul war, kam ihm die Idee: »Wenig arbeiten und viel verdienen, damit er sich seine Wünsche erfüllen kann.« Sie werden nun bestimmt lächeln, denn das hatten Sie auch schon vor. Doch Gerhard hatte einen Vorteil. Er kam nicht erst auf die Idee, als alle Weichen für die Zukunft gestellt waren. Jetzt konnte die Hypnose einsetzen. Durch Suggestionen, die seine Vorstellung unterstützten und auch klarmachten, daß er dafür mehr leisten muß, war der Weg für die Zukunft offen. Gleichzeitig gab ich ihm die Suggestion, daß er künftig alles, was in der Schule im Unterricht durchgenommen wird, ganz einfach in sich aufnehmen wird. Sein geistiger Computer speichert alles, was für sein Ziel wichtig ist. Dazu gehört Wissen in jeder Form. Auch sagte ich ihm, daß alles, was er in der Schule lernt, fest im Unterbewußtsein gespeichert wird. Wenn er feststellt, daß er etwas falsch gelernt hat, dann wird er das durch ein einfaches System umprogrammieren. Der falsche Begriff wird links auf ein Blatt Papier geschrieben. Auf die rechte Seite schreibt er den richtigen Begriff. Dann wird der linke, falsche Begriff durchgestrichen und damit aus dem Computer gelöscht. Nachdem das geschehen ist, wird der richtige Begriff eingegeben. Nach jeweils vier Stunden überprüft er nochmals kurz das neue Programm. Sollte immer noch der falsche Begriff in den Sinn kommen, wird dieser Vorgang wiederholt. Sie sollten das auch einmal versuchen, wenn Sie z. B. ein Wort falsch schreiben. Sie werden sehen, daß Sie sich schon nach kurzer Zeit merken können, wie es richtig geschrieben wird.

Diese und andere Suggestionen wurden in fünf Sitzungen eingegeben, dann bekam Gerhard eine Cassette von mir, die diese Suggestionen enthielt, mit der Auflage, die Cassette täglich vor dem Einschlafen zu hören.

Sie haben gesehen, daß zum Lernen auch das Vergessen gehört. Was nutzt es auch, wenn der falsche Begriff noch in uns gespeichert ist. Wenn wir auf ein Wort zurückgreifen, und es ist die richtige und die falsche Schreibweise vorhanden, beginnt wieder das Grübeln.

Innerhalb von einigen Wochen steigerten sich seine Schulleistungen merklich. Der Lehrer stellte fest, daß Gerhard jetzt aufmerksam dem Unterricht folgte und schon beim nächsten Zeugnis war von Versetzungsproblemen keine Rede mehr. Zwischenzeitlich sind einige Jahre vergangen und der Beweis erbracht, daß diese Methode erfolgreich war. Gerhard war schon nach zwei Jahren mit einem anderen Schulkameraden der Klassenbeste. Dann war auch klar, daß er das Abitur machen würde. Noch ist es nicht so weit. Doch noch viele andere Anzeichen deuten darauf hin, daß er weiß, was er will. Mit 14 Jahren ist er bereits Aktionär und spekuliert mit der schriftlichen Erlaubnis seines Vaters an der Börse. Er macht erstaunliche Gewinne und auch den Computer hat er entdeckt. Schwierige Programme zu schreiben ist für ihn kein Problem und sein Ziel, im Bankwesen etwas Überdurchschnittliches zu leisten, ist offensichtlich. Regelmäßige Besuche bei seiner Bank beweisen das. Er berät die Anlageformen seines Geldes mit dem Zweigstellenleiter und hat ein ansehnliches Guthaben. Aber warten wir ab, er ist ja erst 15 Jahre alt.

Ich habe regelmäßig Kontakt mit der Familie, und sein Vater ist unsagbar stolz. Wenn man überlegt, wie wenig zu diesem Erfolg nötig war, dann bedeutet das, daß man rechtzeitig etwas unternehmen sollte. Wenn erst ein bestimmtes Alter überschritten wird, dann ist das Versagen schon zur Normalität geworden. Man findet teilweise nicht mal mehr Ansatzpunkte für eine Änderung. Ich bin eben so! Solche Denkweisen kann man vermeiden, wenn Eltern verantwortungsvoll handeln und rechtzeitig ihren Stolz überwinden. Immer ist der Entschluß, einen Außenstehenden einzuschalten, auch mit der Notwendigkeit verbunden, einzusehen, daß man unbewußt mit an der Entwicklung des Kindes schuld ist. Doch glauben Sie nicht, daß man in der Erziehung alles richtig machen könnte. Wir alle sind Menschen und haben unsere Probleme. Ich genauso wie Sie. Wenn wir dann bemerken, daß unsere Kinder uns als Vorbilder nicht mehr anerkennen können, sollte der Entschluß gefaßt werden, entsprechende Hilfe in Anspruch zu nehmen. Alle Nachhilfen können nicht die Einstellung Ihres Kindes verändern. Doch lernen kann man nur, wenn man weiß, warum. Oder lernen Sie etwas, das Sie nicht brauchen? Wenn Sie den Eindruck haben, Ihr Kind könnte lernen, ist jedoch ohne Interesse oder faul, besteht die berechtigte Hoffnung, daß gerade Ihr Kind besonders intelligent ist. Auch in der Schule hat man bereits erkannt, daß viele miserable Schüler eher gelangweilte intelligente Menschen sind. Die meisten wissen mit ihrer Leistungsfähigkeit nichts anzufangen, bis der Tag der Idee kommt. Gerade diese Kinder brauchen ein großes Ziel. Geben Sie Ihrem faulen Kind eine Chance. Wenn Sie keine Kinder haben, kennen Sie bestimmt Familien, wo ein verkanntes Genie ein solches Dasein fristet. Schade, daß man in der Schule nichts von den Weisheiten dieser Welt erfährt.

Wenn wir nun viele Fälle aus der Praxis mit Gerhard vergleichen, dann stellen wir fest, daß in der Kindheit Unterlassungen dieser Art für den psychischen und sozialen Zustand von erwachsenen Menschen schuld ist. Die Aussage, daß man eben immer versagt hat und jetzt keinen Ausweg mehr sieht, ist meist durch die Suggestionen der Eltern mitverschuldet. Wie schwer es ist, einem Menschen sein falsches Programm auszureden, können Sie bestimmt ermessen.

Viele körperliche Probleme sind aus diesen Gründen entstanden. Wieder zeigt sich, daß viele Probleme und Krankheiten das Ergebnis unserer Gedanken sind. Wie sind wir aber zu diesen Denkweisen gekommen? Das liegt meist sehr lange zurück. Aus diesem Grund wenden viele Therapeuten die Hypnose für die Rückführungen an. Das hört sich recht einfach an, aber auch hier muß man langsam und geduldig die verborgenen und gleichzeitig verdrängten Erinnerungen herausfinden. Dann wird versucht, diese Erlebnisse nochmals plastisch zu erleben und mit den Augen des Erwachsenen zu begreifen. Viele Dinge sieht man heute anders als damals. Durch diese neue Betrachtungsweise erscheint alles in einem anderen Licht, und man kann Schlüsse für das weitere Leben daraus ziehen. Je stärker diese Erlebnisse verdrängt wurden, um so mehr Geduld muß man haben. Vergessen ist vorteilhaft, Verdrängen jedoch ein Problem.

Aus diesem Grund möchte ich auch vor der Pauschalanwendung von Suggestionen warnen. Vielfach können die Probleme dadurch noch verstärkt werden. Das ist auch der Grund, warum ich die Behandlung nur mit Suggestionscassetten bei bestimmten Problemen ablehne. Wenn man sich zum Kauf einer solchen Cassette entschließt, sollte sie nur den Sinn haben, sich zu entspannen und etwas Schönes bildlich sehen zu können. Eine Suggestionscassette gegen Magenbeschwerden hingegen ist genauso unsinnig wie das selbstverordnete Medikament. Es gibt immer einen Grund für Probleme. Verändert man dort nichts, kann sich auch am Problem nichts ändern. Wenn dann Suggestionen wie »Ich bin gesund« oder »Es geht mir gut« gegeben werden, dann bewirkt die Suggestion das Gegenteil, denn sie wird zu einer negativen Situation bei dem Versuch, sich selbst zu belügen.

Suggestionen sind eine Wissenschaft für sich. Gerade hier ist »Wortklauberei« unbedingt nötig. Viele Therapeuten beherrschen nicht einmal das. Diesen sei gesagt, daß die Form »Es ist ...« immer negativ ist, denn man wird eine Suggestion nur brauchen, wenn es eben nicht so ist. Dieser Kunstfehler führt zum Selbstbetrug. Besser ist es, die Suggestion grundsätzlich mit »Ich werde ...« und »Es wird ...« aufzubauen. Um aber wirklich alle Möglichkeiten zu nutzen, bedarf es eines umfassenden Wissens.

Doch nicht nur die Rückführung wird in der Hypnose angewendet. Es kommt auch vor, daß man Menschen in die Zukunft führt. Ich lehne diese Zukunftsschau ab. Sie ähnelt in Hypnose einem Traum. Wer nicht versteht, daraus einen therapeutischen Vorteil zu ziehen, um etwas über die Persönlichkeitsstruktur zu erfahren, der sollte die Hypnose besser nicht anwenden. Das gilt ganz besonders, wenn die Lebensweise dieser Hellseher und Spezialisten schon am Äußeren erkennen läßt, inwieweit sie die Hypnose für ihre eigene Zukunft anzuwenden wissen. Durch solche Verdummungsversuche von Menschen wird nicht nur den gläubigen Opfern ein schwerer Schaden zugeführt, sondern auch der Hypnose. Im Zustand erhöhter Suggestivität eine möglicherweise negative Zukunft zu sehen, hat fatale Folgen, wenn man unfähig ist, daraus auf den psychischen Zustand zu schließen. Vielmehr wird dadurch die innere Angst und Depressivität noch gesteigert, man könnte sogar von einem kriminellen Akt sprechen. Diese Zukunft, die da gesehen wird, ist nichts anderes als ein symbolischer Traum, der gedeutet werden muß. Wer dem Menschen diese Vorstellungen einfach überläßt, kann wohl sagen, daß später vieles davon eingetreten ist, muß aber auch einsehen, daß er durch die negative Suggestion unbewußt die Weichen für das Verderben gestellt hat. Daß diese Art der Hypnose aber auch eine Form der Analyse sein kann, werden Sie schon erkannt haben. Ein Laie jedoch kann damit nur Schaden anrichten. Darum mein dringender Rat. Wenn Sie ein solches Angebot bekommen, lassen Sie die Finger davon. Immerhin kommen diese »Hypnotiseure« nicht ohne Grund darauf, mit solchem Blödsinn Geld zu verdienen. Es sind ihre Kunden, die sie auf die Idee bringen. Sei es deren Naivität, oder der ausgesprochene Wunsch, in Hypnose die Zukunft zu sehen. Hier gilt wieder, daß der Markt nur das anbieten kann, was letztlich der Kunde wünscht. Lassen Sie die Finger davon!

Eine weitere Anwendung der Hypnose liegt in der Rückführung in vergangene Existenzen. Längst hat sich diese Form der Rückführung auch als Therapie etabliert. Man hat in einzelnen Fällen damit recht ansehnliche Erfolge gehabt. Spektakuläre

Fälle sind bekannt geworden, in denen Menschen Kopfschmerzen verloren haben, weil sie erfahren haben, in einem früheren Leben einem Unfall zum Opfer gefallen zu sein. Doch ich möchte davor warnen, daß man nun grundsätzlich die Probleme in diesem Leben den Ereignissen in einer früheren Existenz zuschreibt. Das würde zu weit gehen. Über 90% der Probleme kommen aus diesem Leben.

Weitere Gebiete sind das Übergewicht, Rauchen und viele andere tägliche Probleme. Doch man darf nicht vergessen, daß gerade bei diesen Dingen die Umgebung, in der man lebt, mit für den momentanen Zustand verantwortlich ist. Menschen, die allein leben, zeigen weniger Übergewicht als ihre Zeitgenossen, die in Beziehungen eingebunden sind. Darum ist das beste Mittel abzunehmen: Die Suche nach einem anderen Partner. Doch halt! Das war mehr als Spaß gemeint. Aber an jedem Witz ist etwas Wahres. Sie selbst kennen das Gefühl bestimmt, wenn man seine beste Seite zeigen möchte. In einer längeren Beziehung ist das meist nicht mehr nötig. Bei allen Übergewichtsproblemen ist die Voraussetzung für eine Veränderung der feste Entschluß: »Ich werde«. Ohne diese Einstellung ändert sich kaum etwas. Wenn Sie also den festen Entschluß gefaßt haben, dann kann die Hypnose das Hungergefühl oder die Sucht eindämmen. Für Sie bedeutet das eine Erleichterung. Sie müssen aber durchhalten, denn sonst werden Sie möglicherweise noch dicker. Doch bitte bedenken Sie, daß gerade das Abnehmen auch zu körperlichen Problemen führen kann. Ihr Hausarzt sollte also vorher beurteilen, ob irgendein Risiko bei Ihnen besteht. Aber bitte meinen Sie nun nicht, die »DRÜSEN« seien an Ihrem Übergewicht schuld. Die Fälle, wo wirklich solche Gründe gegeben sind, sind so selten, daß der erste Gedanke auf die Ernährung und auf mögliche psychische Probleme gerichtet sein sollte.

Auch der Bettnässer ist normalerweise recht schnell behandelt. Man könnte nun viele Seiten schreiben, was noch alles möglich wäre, aber das würde den Rahmen dieses Buches sprengen.

Sie sehen: In unserem Geist steckt eine unglaubliche Leistungsfähigkeit. Ich meine, die meisten Menschen nutzen weniger als zehn Prozent ihrer Möglichkeiten.

Grundsätzlich kann man durch die Hypnose unvorstellbare Dinge leisten. Doch wir dürfen auch nicht vergessen, daß zu einer solchen Leistung ein starker Glaube nötig ist. In unseren Breiten ist der Glaube an positive Dinge fast ausgestorben, was auch die Arbeit in Hypnose erschwert. Es ist auch eine Mentalitätsfrage, wie leistungsfähig wir sind. Grundsätzlich können auch wir durch die Selbsthypnose unglaubliche Dinge vollbringen. Dazu gehört der Glaube an sich selbst und eine starke Beharrlichkeit. Beides sollten Sie lernen, dann haben Sie mit der Selbsthypnose eine unvorstellbare Möglichkeit zur Gestaltung Ihrer Zukunft in der Hand.

Wenn Sie jetzt Ihre Probleme mit diesen Leistungen vergleichen, dann sollte es sich lohnen, etwas zu ändern. Es liegt bei Ihnen.

Ich habe schon gelebt!
(Lesen Sie hierzu Kapitel 1)

Hier können Sie wichtige Dinge aus Ihrem Leben eintragen. Wenn Sie sich entschließen, der Nachwelt und *sich selbst* eine bleibende Erinnerung zu hinterlassen, dann schreiben Sie die Fakten bitte hier hinein.*

Name: ____________________ Vorname: ____________________

Ort: ____________________ Straße: ____________________

Geb.-Datum: ____________________ Geb.-Ort: ____________________

Tag der Eintragung: __________ Familienstand: ____________________

Kinder?: ________ Namen der Kinder: ____________________

____

Ehepartner?: ____

Angehörige?: ____

Gibt es einen Stammbaum?: ____________________

____

Staatsangehörigkeit: ____

* Legen Sie neben diesem Buch auch Material bei, das Recherchen und Rückschlüsse auf Ihr Leben zuläßt, z. B. Fotos, Kopien von Ausweisen und Dokumenten, eine Karte Ihres Wohnortes ... Ihnen fällt sicherlich noch mehr ein.

Sonstige Daten:

GOLDMANN VERLAG

Thorwald Dethlefsen

Schicksal als Chance
Das Buch gibt Auskunft über alle grundsätzlichen Fragen der Astrologie, der Homöopathie und der Reinkarnation. Durch die Konfrontation mit diesem Urwissen erhält jeder Mensch die Chance, sein Schicksal zu verstehen und es zu nutzen.
11723

Das Leben nach dem Leben
Thorwald Dethlefsen ist es gelungen, Menschen in Hypnose in frühere Leben zurückzuführen Und sie aus diesen Leben erzählen zu lassen.
11748

Das Erlebnis der Wiedergeburt
"Die Lehre der Wiedergeburt ist ein Wendepunkt in der Geschichte der Menschheit." (Nietzsche)
11749